羅光全書

冊廿九

羅瑪晨鐘（一）

羅瑪晨鐘（二）

海濱夕唱

牧廬晚吟

臺灣學生書局印行

冊廿九 總目錄

廿九之一 羅瑪晨鐘㈠

二・遐想

三·思家

六·友情

廿九之二 羅瑪晨鐘(二)

一九五一年

一九五二年

一九五三年

廿九之三 海濱夕唱

一、

二、

街上所見

廿九之四 牧廬晚吟

羅光全書

冊廿九之一

羅瑪晨鐘（一）

臺灣學生書局印行

說明：

我性情喜愛文學，在羅瑪服務時，多讀義、法、英文的傳記文學書，更喜愛三種語言的古詩和新詩。自己便仿效傳記文學體裁，寫了幾本傳記，又仿效這些外文詩的舒情作詩，但從小沒有學過做中文詩，不懂押韻的規格，然而常讀宋詞，便想仿效詞的長短句作詩，押國語韻，自己號爲新詩。時作時停，但也作了近兩百首，首先由南京一書局印了《羅瑪晨鐘》，到台南後，彙集以後所作篇什，刊印了《羅瑪晨鐘》一、二集和《海濱夕唱》，以後卻不寫這種詩了，而且認爲不是經心的作品，又以作詩的方式，不合時，把刊印的詩都藏在家裡，沒有出送出賣。

這次要印全書，本想不把這三冊詩集收進；但把三冊讀一遍，覺得有些紀事紀遊的詩，還有點可讀的價值，可以存留作紀念，便把集中仿效西洋舒情的詩刪去，免引人笑話，特加說明。

羅光　一九九四年十月八日

再版自序

《羅瑪晨鐘》第一集，出版於民國三十七年，由南京保祿書局付印。南京淪陷後，這冊詩集也就淪沒了，可以說是沒有和世人見面。過了十五年，於今我把這集詩集重新再版，作爲自肅齋叢書之一。在第一版時，全集共收詩一百五十首。這次再版，刪出詩十首，集中詩的詞句，也稍有修改。編輯次序仍照第一版的次序。

《羅瑪晨鐘》第二集，是第一次出版，收有《海濱夕唱》集以後所作的詩，共一百零九首。這些詩是在近十四年裡寫的。十四年竟只寫了一百餘首詩，我的詩興真是蕭條極了。尤其是近五年裡，寫的詩很少，去年只寫了一首。其中原因是因爲在羅瑪的最後幾年，我專心寫哲學；到臺南來後，則忙於教區的事務。

羅瑪晨鐘第二集的詩，作法和第一集詩的作法是一樣，我常遵守自己所定的原則（第一集出版自序）。有人評論劉大白先生的新詩；是由宋元詞曲蛻化而出，別具風格。昔年有人評論我的詩，也說是由詞曲變出來的。宋元的詞曲，我最喜歡讀。而且我認爲詞曲是中國詩歌變遷裡最後的產物，白話新體詩應該由詞曲蛻化而出，而不是抄襲外國人的散體自由詩。

羅光　六月十四日　一九六三　臺南

第一版序

留居羅瑪十五年，從未一天臥床不起，這次因受手術，竟臥病院，一週不能下床，然而精神很清爽，宜於書寫，乃乘機將歷年所草詩稿，細加刪改，彙寫成冊。

生性喜好詩詞，幾無一天不讀詩。功課忙，日間無餘時，晚晌臨睡，讀詩三首，心情舒適，煩慮消除，一宵安睡到天明。若有時觸物有感，因故心動，便執筆弄句，爲詩賦情。詩篇寫完，胸襟頓覺舒暢。

自己有無詩才，我自己也不知道。我只知道，若自己不爲哲學神學法律各科書籍所拘囚，詩興並不太遲鈍。可是我每天就被這些學術書籍所淹沒，很難有幾分鐘，容我自由遐想。當我做學生時，晚飯後三刻鐘，同學們努力功課，我則幻想天外，讀文學書，寫日記和報稿；間而寫詩。一九三六年秋，被任爲教授，同時還攻讀法律，編講義，參考法律名著，我的腦子沒有一刻的空閒。但第一年我毅然爲文學爭時間。後來我要應教律碩士與博士試驗時，文學則被擠於我的時間表以外了。故一九三八年一九三九年，我幾乎沒有寫過一篇東西，我認爲把心內的詩人已殺死，一生再不會寫詩了。不料博士論文一完，腦中稍爲清閒，每晨早點後，校園獨步，鳥雀花木，竟又引動我的詩興了。我瞿然一驚，心喜尋獲了已失寶物，從此我又寫詩了。一九四三年冬，我因任職駐教廷使館，離開傳信學校，失去早晨散步的機會，但每晚我須回使館。月夜雨夜，沿帝百里河，慢步獨行，觀路燈，聽河流，詩興頓起，這幾年的詩篇，動機雖變化百門，其成熟的機會，則常在朝晨與深夜，獨步沉思的時刻。

在開始寫詩時，我信筆自由成句，無韻無格式。當時且只讀國內新詩集。後來慢慢讀舊詩，又讀西洋詩豪的作品，我寫詩便漸漸用韻了，也漸漸採取格式。終於每篇詩都用韻，都有格式；並且把以前的自由詩，也改削一次。

於今我寫詩的原則只有兩條：一、用韻。韻按國音讀法，不拘平仄。二、有格式。格式的辦法，以一篇之首章或首節爲標準，首章或首節任意寫幾句，每句任意寫爲幾字。首章或首節既成，後面的每章或每節則仿效其句數與字數。這種辦法，有似乎填詞。

我不敢說我的原則準對。我本人實行的經驗，不覺得原則過於拘束，而表現情緒，稍能有形式範圍，我以爲更近於藝術，讀了百卷中國詩詞與西洋詩歌；我理會昔日信筆成句的自由詩，非作詩的正途。

這次整理詩集，雖因臥病有閒，然也因喪親之痛，尙深積於胸。去年聖誕日，噩耗傳來，心痛欲裂，既悲一生不能再見親人，又恨平生未克報答親恩，痛淚泉湧，決意將哭親之情，作爲詩篇，印成小冊，永存紀念。故月來寫詩二十餘首，並以往懷親之作，都四十餘首，已可合刊單行本，表示孝思，然思已往從未印刷詩集，此次哭親刻詩，不如總集已往諸作，共成一集，則不獨哭親之詩，可以紀念家親；以往諸詩，也可成爲孝親之資，身體髮膚，受之父母，小小詩章，不應歸之父母嗎？當去年我平生第一種小作，在羅瑪出版時，特將這書獻之雙親。當時猶意雙親尙活人世，聞說兒子之孝思，必可開顏一笑。豈料那時隻親已早期歸天了！今日集詩弔親，家親在天之靈，必可飛近兒身，莞爾相視。

病院臥室，清潔空敞，適於閱讀，我自清晨至深夜，坐床書寫不止。醫生和看護，都以我工作過度。次彭公使也囑我休息。然念家親戰時受盡磨難，死於非命。兩弱弟幼小堪憐，失親流離。我集詩弔親，聊表孝思，豈敢畏難苟安，貪想床上的舒服？

羅光　三月三日　一九四六　羅瑪

羅瑪晨鐘㈠

目錄

二・遐想

三・思家

六·友情

一・美景

濆水泉畔

庭院清如水，
膝捧書，
踏泉沿。
絲水草上流，
漾無聲，
落泉面。
三條魚兒游，
人影動，

魚兒轉。
樹梢起微風，
片片葉，
拂椅邊。
庭院靜如水，
楓葉搖，
絕鳴蟬。

七月十七日　一九三三

此集詩篇，凡未註作時地名者，俱作於羅瑪。

湖畔漫步

漫步山半，
綠蔭密密樓層層，
下瞰湖波，
心情飄飄隨飛燕，
肩負斜陽，
輕輕戲掠綠波面。

八月廿九日　一九三三　Castelgandolfo

雪戰

兩年未見雪，
今晨雪花漫天空。
學校暫停課，
同學舞手笑哄哄。
換著舊服裝，
厚帽遮面留鼻孔。
分別成兩陣，
大家齊集球坪中。

× × ×

俄而雪球飛，
有似彈丸滿天空。
雪水濺頭面，
兩陣人聲似旋風。
拋卻皮手套，
手埋雪底不覺痛。
勝者抵掌笑，
纔知風大寒威重。

× × ×

一望白茫茫，
羅瑪今日更玲瓏。
帝百里淺流，(一)
雪片夾伴寒水衝。
伯祿殿矗立，
好似雲中秀峰崙。
對面白玉廈，
乃古蒼華棣崗宮。

正月廿二日　一九三五

註：

㈠ 帝百里 Tiberi 小河，穿過羅馬城

公園

繁葉映朝陽，
零零掛雨跡。
平湖一彎展牆外，
樹下群童拋球戲。

×××

揀條石凳坐，
坐看小手臂。
肥白如玉圓如藕，

隨球上下起忽低。

七月廿二日　一九三五 Castelgandolfo

林中

林中走出馱薪馬，
蹄聲我數清，
樵童伴老翁，
馬後踏步各默靜。

七月廿七日 一九三三 Castelgnadolfo

野餐

林深夏陽涼，
湖水擊石琮琮。
席清草，
几雙膝，
美景滲和盤叉中。

× × ×

近岸三浴客，
扁舟不勝水動。

缺鷗鷺，
少鉤絲，
山水幽雅賴天功。

七月廿九日　一九三三 Castelgandolfo

遊湖

羅瑪古道穿林中，
仰望城房懸半空。
湖水淺一凹，
菓木環衛拱。

× × ×

走進籬笆找園翁，
戲買葡萄解喉痛。
園婦擠眼笑，

籬角水滃滃。

×××

披茨尋路爬危峰

脫靴臥草望長空，

坐起弄盤叉，

肚飢菜味濃。

×××

出時朝露枝頭重，

歸時緩步夕陽烘。

兩月對湖山，

心輕體加重。

九月十日　一九三五 Castelgandolfo

瞻拜古墟

陰沉古墟，
墓孔層層，
我翼翼提步履，
怕將義骨清夢醒，
×××
墓碑殘缺，
碑字不清，
千百年遊人多，

朝聖者誰問姓名?

九月廿七日　一九三五

遊牢獄

（牢獄為亞細細城Assisi外一山谷，聖方濟各曾隱居此地，與鳥雀相親。）

谷間清風戲古葉，
冷泉滴石，
野花好顏色，
×××
自認鳥雀爲兄姐，
天地爲家，

獨與天父接。

四月三日　一九三七 Assisi

遊莞爾納山

（莞爾納山 Verna 為聖方濟各受五傷之地）

古木鬱鬱蓄秋寒，
懸崖欲墮危石立，
昨夜月近人，
天較平時底。

× × ×

白雲可掬絕人跡，
深院鐘聲四山馳，

我雖無神見，
心亦覺神力。

七月廿四日　一九三七　Verna

朝勞肋多聖屋

（勞肋多聖屋 Loreto 傳係耶穌之住屋）

創造天地只一言，
甘居陋屋三十年，
世人出胎赤貧身，
卻貪大廈貪宮殿。

八月十七日　一九三七　（Loreto）
八月廿四日　一九四七改作

湖畔

一、

朝陽染城樓，
湖岸樹綠連水綠。
叢葉多露珠，
空山步履伴古木
低頭覓山花，
思慮輕輕勝湖霧。

七月十六日　一九四二

二、

桃紅朝陽豔湖波，
清風曳歌聲。
除去市服脫手錶，
聽樵斧丁丁。
笑看驢蹄踏崎路，
問樵夫家境

七月十七　一九四二

三、

柳葉輕舟漾湖心，
映日白如銀。
我本厭水上飄流。
心卻愛銀艇。
清水爲床天作幔，
伴明月晨星。
如此飄渡人世海，
映日白如銀。

八月廿一日　一九四二

四、

中秋微風葉悽顫，
道傍野草多轉黃，
涼湖凝碧，
握書手寒。
× × ×
讓心多刻秋湖跡，
明朝回城事事慌，
秋湖幽影，
足使心涼。

九月十九日 一九四二 Castelgandolfo

幽靜

淺淺柔草，
綠麗，
錢錢白花，
互依，
草配藍天花伴斜日。
× × ×
渺渺鐘聲，
樹際，

幽幽鳥語，

相戲，

牆外行人雜還步履。

× × ×

手捧經書，

坐地，

微聲誦禱，

心祭，

間而仰望薄雲飄飛。

四月四日　一九四三

慢步

沿古牆慢步踏落，
路靜無人，
天晴無雲，
鐘聲匀匀。

× × ×

黃楓葉片片綴青松，
徑傍草冷，
籬花瑩瑩，

數鳥鳴群。

十月一日　一九四三

辭別傳信母校

校園葉落樹影悽，
舊識花草，
月下無言。
無言！
今後重聚月下在何年！
×　×　×
十三年多少月夜，
多少好友，

令我繫戀，
繫戀！
辭別母校單身居客店。

十一月十四日 一九四三

獨步華棣崗

挺拔古木傲天風，
鳥雀不驚，
小蝶自由。

× × ×

玉蘭落瓣綠葉深。
遍城芳草，
松柏雅秀。

× × ×

人說此城統天下，
遍行城路。

七月四日 一九四四

底窪里公園

泉聲隆隆，
我不防高歌，
廣園古木，
任意放腳路難錯，
巖洞怪石，
深潭千丈怪嚇我。
× × ×
慢上山道，

汗多腹飢餓，

巖下葡園，

綠藤攀依危石臥，

瀑布水弱，

小泉吵吵聲咿哦。

十月十一日　一九四五 Tivoli

海濱

一、日夜眺

無限長空一圓月，
渺渺海水起微波，
波心浮銀河。

×××

門戶靜閉長街道，
間聞一二少女歌，
街燈稀幾朶。

× × ×

欲向明月問戰史，㈠
月下海面散漁火，
戰史埋海波。

七月廿五日　一九四五

註：

㈠ 去年美軍於此登陸，進攻羅馬。

二、觀潮

踞坐石巖，
潮濺兩腿波擊面，
海濤滾滾，
銀光燦瀲。

× × ×

十四年，
地中海上孤舟顛，
怯依船門，
昏暗海天。

× × ×

假使今天，
獨架小艇入大洋，
浪推東歸，
我豈心顛。

一九四五 七月廿八日

三、美軍陣亡戰士墓

青青草，
白十字，
平場莫辨墳塚域！

× × ×

一十字，
一欽片，
纔知地下埋戰尉！

× × ×

苦戰死，

失名姓，

弔墓人何處淚雨？

× × ×

舉眼看，

十字架，

行行列列一萬餘。

× × ×

天下人，

慶勝利，

這萬人家守喪闋！

八月四日 一九四五 Nettuno

青山

青山環海山更綠，
紅牆別墅秀。

× × ×

兩岸浴客歌相應，
葉艇穿梭流。

× × ×

亂世一角清閒地，
遊者忘宇宙。

× × ×

來此閒居我求靜，

反添故國憂！㈠

七月廿三日　一九四七　Repallo

註：

㈠　時共黨軍隊在黃河以北力圖進攻

繁燈

繁燈下，
歌舞鬧通宵，
碧浪層層，
人間罪垢難淨漂。

× × ×

漁火稀，
點點星晨小，
獨禱天父，

洗山水洗人心叢！

七月廿五日　一九四七　Rapallo

暑熱

暑熱悶，
午夜猶憑窗。
十里樓房無我家，
千萬人中羈旅傖。

× × ×

身孤伶，
纔見星星光，
人世無依覺天近，

無伴卻有神伴床。㈠

八月十四日　一九四七

註：

㈠　靜中始覺人與天主相結合

二・遐想

天晚

書本字模糊，
纔知一天又終，
離案獨憑窗，
迎面煙雨暮鐘。
伯祿殿頂，
十字招我升空。㈠

正月八日　一九三五

註：

(一) 伯鐸祿殿頂十字架矗立

新年新歲

（一九三七年元旦余廿六歲生辰）

舉聖體，
捧聖血，㈠
迎接這新年新歲，
兩行燭，
四瓶花，
陪我向天求恩惠，
經堂靜，

窗微明，
輔祭好友伴我跪，
看去年，
想新歲，
只見十字緊相隨。

一九三七 元旦

註：

㈠ 行彌撒祭禮

聖母洞

（每年八月初旬，傳信大學在別墅聖母洞前，舉行感恩節）

紅綠綵燈照深林，
石洞美飾若御幕。
雪白聖母像，
玉手捧素心，
天仙風度。

×××

繞洞五洲青年子，

壯歌同表孺慕緒，
各爲離鄉客，
無母找天母，
異鄉安居。

×××

流泉瀺瀺洗心塵，
葉叢明月照長路。
人散深林靜，
斂衣跪洞前，
長望聖母。

一九三七 Castelgandolfo

生辰

（一九四一，正月正日，余年滿三十）

枯草載寒雪，
園徑多凍泥；
三十年像昨夜雪化，
杳無聲跡，
雪水潤泥生青草，
我生豈如此？

×
×
×

遠山混雲天，
山雪映朝日；
三十歲尚否像朝陽，
高升天際？
從此回頭往天看，
莫叫人世繫。

一九四七　元旦

槐花

槐花如地氈，
翩翩落不斷，
提步躊躇不忍踏，
香花遍把我身染，
×××
生時枝頭鮮，
落後讓人踐，
香氣未殘心不死，

雨水含泥香猶傳。

五月十五日　一九四三

沉悶

榆葉叢。
小雀臥，
任憑風把樹枝飄，
闔眼不開翅，
從不覺夏天沉悶惱，
×××
巨松立，
枝衝天，

長與風雨爭高傲，
人間沉悶氣，
摸不著萬丈青針梢，
×××
蜜蜂飛，
繞花朵，
一朵一朵花上跑，
我翻手中書，
沉悶時工作正可好。

六月七日　一九四二

夕陽下誦玫瑰經

「申爾福，
瑪麗雅，」
珠粒指頭輕輕溜，
書塞腦，
心苦悶，
體倦難行兩腳柔，
×××
「申爾福，

瑪麗雅，」
煩慮隨珠顆顆休，
胸懷開，
燕戲空，
松叢暮鐘聲悠悠，

×××

「申爾福，
瑪麗雅，」
心靜暮園煙霧收，
腦清明，

閉雙眼，
句句經言牽我手。
×××
「申爾福，
瑪麗雅，」
聖母撫我夕陽柔，
晚清風，
款相語，
「何曾無母無親友。」

六月 一九四二

清露

陪著冷靜星光，
你悄然落地，
笑對燦爛朝陽，
你悠然自棄，
只讓青青嫩草，
略接你氣息。

一九四三 三月一日

生活

引頸鳴樹蔭，
撲翅戲清露，
灰不沾羽鎗不驚，
小雀校園享清福。

×××

圓場石縫中，
覓食找砂土。
身雜車輪翅觸人，

我愛群鴿生活苦。

四月十二日　一九四三

聖母領報節

（是日散步華隸崗花園，以歸國問題，心有不安）

微風夕陽涼，
嫩枝軟柏柔。
闊路洗淨，
鳥語囀。
×××
獨步心中焦，
束裝又須休。

有人催歸，
有人挽留。

×××

路端聖母像，
向天長昂首，
自認主婢，
誓遵主欲。(一)

×××

樹叢伯祿殿，
氣穩如山邱，

小鴿繞飛，
殿頂憩休。
×××
我如小小鴿，
捧在天主手，
不亂放翅，
常可安留。

三月二十五日 一九四六

註：

㈠ 意譯領報節聖經之語

Ecce Ancilla Domini, Fiat mihi Secundum Verbum Tuum.

聖瞻禮五夜

（耶穌受難前夕）

（午夜朝聖體畢獨自歸寓）

一年裡，
今宵絕夜鐘，
天地蒙喪，

×××

祭壇上，
花飾耶穌墳，

熊熊燭光，

×××

明月下，
天地一祭壇，
點點星光，

×××

沿河行，
一念一心花，
供奉祭壇。

四月十九日　一九四六

弔古

踐漁網，
弔耐羅皇宮㈠
潮浪衝畫牆，
× × ×
多情客，
浴罷坐殘柱，
捧髮送夕陽，
× × ×

兩千年，
未換碧綠色，
僅海水天光。

七月十八號　一九四六 Nettuno

註：

㈠ 耐羅 Nero

傳信學校別墅

（傳信母校別墅於一九四四年被炸燬，今年重修）

滿湖銀月，
燈星繞湖，
清幽晚風中，
誰憶此間經炮火。

×××

層樓軒敞，
處處新物，

欲尋舊日跡，
嘆我別墅今已無。

八月十日　一九四六 Castelgandolfo

病弱

病弱步遲，
野花隨手摘一朵，
×××
燕集電線，
閒對青天映湖波，
×××
樹蔭樓台，
無語猶訴戰苦多，

×××

靜坐石崖，

身混樹葉神陶樂。

九月七日　一九四六 Castelgnadolfo

聖伯鐸祿殿前

一、

殿頂十字披月白，
埃及石碑映電燈，
瀆水泉聲，
似續似湍。

×××

伯祿殿前忘年代，
百代人物同一年。

殿角大錶，
徒把時算。

十月五日　一九四六

二、埃及石柱

闊圓場，
風大捲溼衣，
薄傘怎敵猛雨，
迎面矗立，
百丈埃及石柱，

×××

三千年，
石柱傲風月，
背載埃及字書，

柱頂十字，
看羅瑪換君主。

十月廿七日　一九四六

三、走廊石像

佇立望石像，
月白天清石像靈。
揮手招我語，
個個話話帶天音。
×××
平日苦孤寂，
間訪友朋話心情。
歸來心更重，
再三把心重洗清。

×××

佇立望石像，

月白天清石像靈，

揮手招我語，

無聲話語豈污心？

十一月九日　一九四六

四、濆水泉

泉頂蓮花朵，
泉盆古斑駁，
水柱鮮潔冰瑩，
像徵洗禮 頂水
三百六日常踴躍。

× × ×

大殿雄嵯峨，
石色多脫落，
五百年拜殿客，

莫分風晨與寒夕，
天天流水一般多。

十一月十二日 一九四六

五、（教宗窗燈）

天低樓高，
深夜一燈輝，
燈下長者，
一心繞著宇宙飛。

×××

獨坐靜樓，
神見塵世苦。
手捧天露，

散灑人間潤乾枯。

十一月十九日 一九四六

天氣

密雨掩晨星，
傾刻朝陽璨，
中午天陰悶，
一鉤新月含遠山。
×××
人怨天氣亂，
我怨人情翻，
安能出重雲，

心共長天靜且安。

二月二十日　一九四七

多慮

多慮失眠頭沉沉，
穿樹尋朝氣。
×　×　×
露珠浮葉輕於風，
噓氣露落地。
×　×　×
不染塵埃心可輕，
事事不著跡。

五月卅日　一九四七

晨禱

燕聲滿晨街，
繁市，
這刻最清潔。㈠
×××
臨窗獨唸經，
自覺，
有千萬口舌。

六月廿六日　一九四七

註：

(一) 清晨城中人都安睡，作惡者少。

送病人聖體

銀燭一雙鈴聲清，
耶穌往病榻，
療愈榻上心。

××、

每晨彌撒耶穌臨，
宇宙一病榻，
人人帶病心。

一九四七 七月八日

三・思家

家書

百天一家書，
苦音滿紙簡；
「電網層層鎖孤城，
挖戰壕挖去古墳。」

×××

去秋辭親日，
鎗彈穿家垣，
雞犬殺盡家無蓄，

年年內戰村不田！

一九三一年夏作

一九四七年夏改作

哭二弟耀

離去兵擾一茅村，
棄卻鋤犁，
你登天鄉非夭折，
樂勝此地。

× × ×

我淚泫泫心如裂，
哭我耀弟！
孩年共伴母懷抱，

同依父膝。

× × ×

少小入校兩相隨，
形影不離，
田疇港畔同奔跑，
嬉遊得意。

× × ×

兩載去國常夢回，
共相嬉戲，
何意遽而生死隔，

苦淚滴滴！

一九三三年冬作
一九四七年夏改作

手巾

（領司鐸品時縛手之白巾）

五載居海外，
今晚對著手巾，
如見母親。
花紋母愛，
白綢母魂，
繡我姓名居花心。

× × ×

同學爭相問：

「誰繡了這花紋？」

「我母自身。」

他們羨慕，

把花紋審，

母親手工傲我神。

× × ×

路遠海洋闊，

長子登司鐸品，

母不身臨。

手巾代她，
握手緊緊，
說不盡心頭歡忻。

一九三六春

祖母像片

細雨灑落葉，
增我思家緒，
驟見像片已不識，
一時心頭千萬慮！

× × ×

呵祖母老了，
面上縐紋聚，
倚閭長望門外路，㈠

等著孫兒回故居，

× × ×

她計著月數，
又把日數除，
心喜孫兒十月歸，
孫卻論祖海外住。

× × ×

細雨灑落葉，
增我思家緒，
驟見像片已不識，

一時心頭萬慮！

十一月八日　一九三六

註：

㈠ 祖母倚門攝影

清晨

清晨遇小孩，
揹書包，
拉母親，
我已多年孤客身！

× × ×

獨坐冷靜房，
書籍繞，
案滿信，

已六載未喚母親。

×××

掃地自鋪床，
刷衣帽，
夜就寢，
夢親囑加飯加衿。

聖誕前夕　一九三六

春風

習習春風，
嚶嚶鳥聲，
校園綠草笑陽春，
我心卻鬱結如冷冰。

×××

嚶嚶鳥聲，
替我高鳴：
今年留外不歸國，

並非我有意違親命。

× × ×

桃樹已花，
村田動耕，
父親事忙不動筆？
但我怕父親冒寒病！

× × ×

藍天皎潔，
閃閃繁星，
我欲上床早入夢，

夢中回家把事看清！

二月十八日　一九三七

今日

十載相識羅瑪城；
櫛比城樓，
今日步步異鄉路。
×××
久不見衡陽城廂，
今日心頭，
捲流浩浩瀟湘河，

七月七日　抗戰五週年

鳥語

親愛鳥友，
曾否賞昨夜月景？
渾瑩白紗，
輕裹著羅瑪全城，
乳色素光，
帝百里河水清淨。
得勝石坊，
銅天神張翅天庭，

隆起鐘塔，
有似雲浪起海中，
伯祿殿樓，
昂然直指天頂。
遠山默默，
似有似無常不定，
車聲斷續，
擾不了長空幽靜。

× × ×

獨對明月，

我不想哲理愛情。
白光皎潔，
常念我家中母親。
母心如月，
坦白素淨勝月明。
母愛廣大，
飛過河山飛過城。
孤身作客，
繁華城中獨行動。
深夜夢回，

很想一聲喚母親。
凝神望月，
靜思母愛心漸定。

三月廿九日　一九四三

鳥巢

口啣枝，
爪帶草，
聰明小鳥忙構巢。
桂葉叢，
槐花香，
小巢葉叢避風暴。
豎扇尾，
昂彩頭，

一枝置後歌聲高。
斜眼視，
不畏人，
飛下球場尋枯草。
×××
望東天，
白雲下，
依山傍水找故巢，
小搖籃，
竹圍椅，

襁褓孩年常依靠。
青稻田，
淺港水，
童年課餘日日到，
十餘載，
旅魂苦，
想回故巢無歸道。

四月六日　一九四二

家書

昨接家書，
炮火陣中走兩歲，
書中情事，
當日是真今已非，
欲信不能，
書來反添我疑慮。

× × ×

經堂夜靜，

長明燈照雙行淚，
恨無羽翼，
向衡陽一翅飛回，
連天炮火，
也不能將我粉碎。

四月廿四日　一九四三

警報

群鴿翅嗒嗒，
警報驚起飛，
我望長天想衡陽，
年來城房多炸燬。

×××

婦女冒晨霜，
買麵擠成隊，
我心怔悚念我家，

缸中米鹽將何如?

× × ×

連夜夢耀弟,
孤墳霜草地。
我怨他他也怨我,
各棄家親俱不回!

正月二十七日 一九四四

哭家

（報載衡陽血戰四十五天，陷沒敵手）

呵媽媽，
你於今漂流到那裡？
四十五天的炮火，
茅檐早成一把火！

× × ×

呵媽媽，
爹爹還身帶舊病呢？

攜兒挈妻離家鄉，
他何法養活家室！

× × ×

不敢想，
高年祖母失家流離，
兩眼微光不識路，
一轉一動須扶持。

× × ×

呵天主，
我望衡陽望裂眼，

看不到衡陽城廂，
把萬事憑你安置。

× × ×

來雁峰，
頹望瀟湘北流淒淒，
回雁峰頭雁不來，
怎忍下瞰滿城屍。

× × ×

守城兵，
城巷血戰個個身死。

七年抗戰多豪俠，
衡陽健兒屈首指。

× × ×

血屍中，
誰知沒有我的親戚。
我不敢閉目沉思，
把萬事憑天安置！

八月十一日 一九四四

夜雨

落葉纏腳，
猛雨打樹
一步一腳水，
一念一心淚。
×××
夜深人靜，
獨踏夜雨。
秋風吹鄉愁，

腦中多愁緒。

× × ×

昔日想家，
神飛故居。
今日想家鄉，
故居已廢墟！

× × ×

昔日思親，
知所在處，
今日尋親人，

天涯那角隅?

× × ×

秋深雨寒,
無家可居,
樹葉尚零落,
老親怎支住!

× × ×

昔恨戰事,
阻我歸去。
今日怕回家,

怕見頹牆堵！

×××

落葉纏腳，
猛雨打樹。
一步一腳水，
一念一心淚！

十一月廿七日 一九四四

焦急

（得于野聲主教來信，言家母健在，我乃疑家父有不幸。）

腳觸路石，
纔見小雀跳綠枝，
晨光照古松。
一夜憂思：
父親或已眠松塚！

×××

電車吼呼，

驚望天邊蛾眉月，
河中水影動。
獨步沉思：
家父或處墳園中！

× × ×

啊天上父，
我信生命在你手，
我急亦無功！
心中轆轆，
弱母稚弟怎渡冬！

十月十七日　一九四五

聖誕夜鐘聲

子夜星光潔，
靜城鐘聲亮，
如輕雲，
如散絮，
漫飄著羅瑪城廂，
×　×　×
悽清似哀禱，
幽曼若嘆盪，

多少萬，
劫後人，
今夜向天訴創傷，

× × ×

坐車獨馳騁，
鐘聲滿車廂，
丁東當，
丁東當，
心思家鄉處渺茫。

聖誕子夜　一九四五

四・哭親

哭親

一、

（耶穌聖誕日得訊，驚悉祖母家嚴家慈均於去年因戰禍殞身）

蠟燭燦爛聖誕樹，
今宵家家團聚。
十五年，
遊子心自綴聖誕樹，
今年被陰風掃除！

× × ×

常想望他日歸去，
彌撒時家人聚。
豈料到，
炮火中家屋斷牆堵，
不知親人葬身處！

×　×　×

曾夢想學博名著，
使親名留簡楮，
今只求，
親死時瞑目把兒恕，

累他們多年依閭！

× × ×

親在時安心讀書，
不須親人伴侶。
親亡了，
舉目看天地都空虛，
纔哭叫親魂留住！

× × ×

三五次催我歸去，
我那時缺思慮。

今而後，
將終身搥胸常嘆吁，
悔不聽家親訓諭！
×××
抬淚眼苦求天主，
聊滿我孝心緒，
兩種願：
家親魂天鄉長安居！
家親墳祖塋團聚！

一九四五

二、

孤子一人，
孤子一人，
於今真正成孤子！

× × ×

沒有家庭，
沒有家親，
沒有故鄉故里！

× × ×

於今想誰，

有誰想我,
小弟與我未相識!
× × ×
書房空空,
空寂無影,
流淚憐念兩弱弟!

十二月廿五日夜 一九四五

三、

獨步花園，(一)
步步想衡市，(二)
蠟梅香鼻，
摘選幾枝，

× × ×

花供遺像，
國花盡孝思，
遺像已無，
花隨淚棄！

× × ×

捧花聖母，
像前表敬禮，
無親之時，
聖母心細！

十二月廿六日 一九四五

註：

(一) 華棣崗花園
(二) 衡陽市

四、次彭公使邀我赴哥爾福球場午餐

冬日烘烘似陽春，
球場青草淺。
耳聽笑語口啖饌，
雙目長東望
心對白雲思索亂！

十二月廿七日　一九四五

五、

（傳信母校演電影，影片為Go my way朋友勸我觀電影散心，
但見影片中老司鐸與老母相會，我愈心痛）

紛紛笑語亂我思，
影片滑稽，
人人笑捧腹，
× × ×
但見司鐸抱老母，
我心頓停，
雙淚眼模糊！

十二月廿七日　一九四五

六、

（隨次彭公使覲見教宗，得向教宗陳訴家破人亡之苦，
蒙教宗賜唸珠兩串，以慰兩弟）

向聖父坦訴心苦，
御額深縐，
痛我似我父，

×××

唸珠兩串紀念物，
小弟捧此，
知有天父母。

十二月廿八日　一九四五

七、

古城斷牆，
冷風吹凍柏；
有誰計算年代！
× × ×
忘記年月，
昔日家庭樂，
已似乎隔千載！

十二月廿八日 一九四五

八、

舊信一包父手筆，
囑我用功，
慶我晉鐸，
促我告歸期，

× × ×

遍翻舊信無母筆，
母不識字，
廿載思兒，
都付與淚滴！

十二月廿九日　一九四五

九、

冷風吹閒雲，
百里樓台顯繁華，……
歲暮羅瑪，
× × ×
遙弔衡陽城，
斷牆頹垣遍地塌，……
日暮鳴鴉！

十二月三十日 一九四五

十、

三十五歲今日滿，
逢生思雙親，
三十餘年親恩多，
一絲未報過！
×××
孩時元旦爭先起，
開門放鞭炮，
整理衣冠拜祖母，
然後拜父母，

× × ×

今晨登壇行彌撒，
體疲頭昏昏，
照例爲親求福祚，
勿覺親已無，

正月一日 一九四六

十一、（正月三號傳信母校，為家親舉行追悼彌撒，次彭公使與光前代辦俱到堂與禮）

怎不信親死猶生，
彌撒使超脫，
又怎禁苦淚湧流，
無心聽哀樂！
×　×　×
老祖曾望殯葬榮，
盼孫為張羅。

今日友朋盡哀禮，
天鄉慈顏和！

正月三日 一九四六

十二、

正月五號，次彭公使於使館舉行奠禮，追弔亡親

奠字高懸，

玫瑰花圈陪奠表，

蠟燭香炷，

祭文頌親功德茂。

× × ×

祭後鮮花，

無像可供送母校，

聖母壇前㈠

於天於親盡子孝。

正月五日 一九四六

註：

(一) 以花圈供放聖母祭壇前

五・憶　親

憶親

一、

孩時母教嚴，
祖母憤怨；
我伴祖母睡數年。

×××

一次畏母面，
終日逃竄；
母心自此變柔軟。

× × ×

父親柔而寬。
常住商店，
回家我常伴膝邊。

一九四六

二、

童年衣食足，
書本度生活。
七年小學每次試，
常考第一親心樂。

× × ×

在家喜運帚，
幫母勤洗濯。
尤喜弟妹手中抱，
弟妹夭亡心如割。

×××

插秧割稻日，
未亮即生火。
晨星猶明全室靜，
只我伴母廚房坐。

×××

同弟種菜瓜，
瓜竟結成果。
摘與母親算私蓄，
伯母叔母不計過。

× × ×

稻田拾遺穗，

叔父讓竊略。

竊略禾穗換糖餅，

看守稻場我功多。

三、

秋後農事閑，
團坐堂屋，
坐聽父親談小說，
粉裝樓三雄，
唐薛仁貴，
周瑜孔明計神絕。
二十人屏聲，
瞪目靜聽。
母親催眠我不悅。

× × ×

秋後農事閑，
燈影野戲，
鄉人爭聚戲台前。
紙影顯英雄，
儼然袍褂：
歷代盛衰眼前轉。
星稀夜露重，
三更戲罷。
緊拉父手歸途緩。

一九四六

四、

小學假期我心跳，
耀弟同我，
跑遍塘畔田溝。
赤足摸魚顯本領，
回家見母提魚簍

× × ×

家養水牛愛狠鬥，
稱雄村中，
我敢坐牛背走。

課後放牛小港畔，
我喜魚牛喜草茂。

一九四六

五、

夏旱久不雨，
伯叔日夜水車累，
月皎潔，
稻穗下墜，
農歌相續村不睡。

× × ×

稻場堆稻粒，
場側席坐從姊妹。
銀河高，

星光點綴，
我愛長天如翡翠。

六、

元旦未殘父已去，
苧聲行商務忙，
我與耀弟往拜望，
兩小孩，
獨走數十里，
橫山過嶺心不慌。
× × ×
一次辭父一路哭，
入家門躲母房，

不意婚家來看男。
行行淚，
何堪成佳婿，
竟得天恩聖職行

一九四六

七、

十三入城獨上學，
寄食姑家。
星期日省親，
穿城下鄉路不差。

× × ×

祖母家母審驗我，
胖耶瘦耶？
更換身上衣，
鞋子帽子都洗刷。

× × ×

存留好菜等我歸，
雞肉魚蝦。
孩子已出門，
歸來身份百倍加。

× × ×

星期日下午回校。
依依難捨。
母親立屋後，

望到路轉深山峽。

一九四六

八、

冬夜家門靜，
伯叔早入房。
我陪父母唸晚經，
父靠床沿，
母近火盆，
我跪椅上身端正。

× × ×

幽幽油燈淡，
煤火早不紅，

父親瞌睡經聲停。
母放高嗓，
父忽驚覺，
三口經韻和而平。

一九四六

九、

家人喜我入中學，
我忽擇路進修院。
母心苦，
怨我年青受欺騙。

× × ×

九月稻割鄉景枯，
灑淚離家世情斷。
十四歲，
從此作客思家園。

一九四六

十、

我將升學往漢口，
歸鄉辭親，
登山拜伯墳。㈠

× × ×

漢口五年祖嫌久，
暮年龍鍾，
誰保長命運。

× × ×

漢口未住竟去國。㈡

不告而行，
家信頻責問。

一九四六

註：

㈠ 伯父明山公
㈡ 來羅瑪留學

空樓

枯楓寒月，
昔望東天想父母；
今夜憑欄，
等待親魂自天路！

× × ×

家庭殘破，
此生漂泊無故廬；
走遍天下，

何人愛我似父母！

×××

空樓獨步，

輕輕步履響振屋，

孤燈陪坐，

牆外車聲敲凍戶！

正月十四日　一九四六

燭淚

二月九日，晉鐸十週年

十載登祭壇，
對燭行彌撒。
燭火長明燭消溶，
燭淚沿燭下。

× × ×

十載如燭溶，
年年說還家：

「十週節期在家鄉，
接受慶祝花。」

× × ×

十週慶期近，
客身臥榻，
悽對案上哭親詩，
晚鐘伴淚下！

二月五日　一九四六　病院

病院

八天臥病院
斷絕室外人，
牆外電車通宵鬧，
不眠傷我神。
× × ×
孩時害熱瘧，
鬼怪嚇煞人。
心急喚媽媽喚我，

共枕夜到晨。

× × ×

昨夜爬起床，
無力頭作昏。
開口一聲口喚媽，
看護開門問。

二月六日 一九四六

家書

長望五年今見書，
已非父手筆！

× × ×

家破親亡事何慘，
家妹灑淚記。

× × ×

父沒敵手祖苦死，
母親染疫疾。

× × ×

垂危母將弟托我，

愧淚我自滴！

四月廿七日　一九四六

聖母聖衣節

(昔年未出國時。每年於聖母聖衣節，回家省親；
因是日乃本堂主保節)

海月千里銀碧，
海風吹面，
海波翻石。
獨憑欄，
心浮海波漂萬里！

× × ×

猶憶庭前竹椅，
家人團坐，
小孩嬉戲。
每年裡，
聖衣節期全家齊。
× × ×
今日家屋焦壁，
親眠荒塚，
孤弱兩弟，
隔海洋，

我憑夜欄獨悲戚。

×××

海月千里銀碧，
海風吹面，
海波翻石。
獨憑欄，
心浮海波飄萬里！

七月十六日　一九四六　Nettuno

流浪子

石柱斂廊無遮攔，
多風多雨秋夜寒。
踡體縮頸一幼童，
睡臥冷石板。

× × ×

來自義巨手門壞，(一)
一身孤單雙親喪。
手無分文身無家

伯祿殿前躺。

× × ×

長嘆一聲淚汪汪，
我哭弱弟流亡像，
此生每遇流離人，
我心把親想！

十一月卅一日 一九四六

註：

(一) 義大利與巨哥斯拉夫之所爭 Trieste 特里斯特

追思已亡節

墓地鐵欄，
出入千萬羅瑪人，
有個人心，
載著墓中親。
× × ×
家親流亡，
不知親墳何處問！
每年是日，

我心築親墳！

十一月二日 一九四六

回國

兩年常束裝，
回家養弟築親墳，
兩年沿河，
獨步度晨昏。

× × ×

歲月非我有，
我生豈我作主人？
河水悠悠，

天命安我神。

正月卅一日 一九四七

遺信

檢查先親紀念物，得先父手書一束，先母繡花巾一條，聖心侍女院院長特贈繡花夾包，以珍藏此兩物，余乃為遺囑以此包隨葬。

昔日舊信今日寶，
遺信一束千金貴，
手巾沾聖油(一)
天恩母恩兩層惠，
捲巾包遺信，

珍藏先人遺慮。

× × ×

年青爲客志氣豪，
奉養日長不遽歸，
今日檢遺物，
對此繡包愧淚墜，
終生常伴身，
身後棺中相隨！

正月十三日 一九四七

註：

(一) 手巾爲我晉鐸時縛手之巾，故沾有敷手之聖油。

客寓

客寓本非家，
別時心卻悲。
對空壁，
竟有無限別離滋味。

× × ×

家屋已焦土，
一生客寓睡。
認客寓，

作家屋莫把家情廢。

二月廿八日 一九四七

聖母聖衣節

心逐夜浪擊黑巖，
一進一退，
夜色蒼茫，
浪不住心情翻。
×××
獨立涼台對夜城，
燈光炫耀，
歌聲漂蕩，

我念念思衡陽。

×××

年年是日想還鄉，

三年海濱，

愁問海水，

何日載我東往！

七月十六日 一九四七 Rapallo

六·友情

披氅

（民二十六年冬，于斌主教因國難來羅瑪，我日侍左右。臨別，主教以披氅見贈）

「這披氅爲你不太大。

它曾伴我受苦辛。」

送你作紀念，

×　×　×

「你看披氅包圍你體，

禦寒風冷雨，

真好似主教之心。」

× × ×

「厄里亞別厄里叟時，
從天拋披氅，
使徒弟繼承精神。」

× × ×

披氅現已掛我肩頭，
安心趕前途，
寒風冷雨不敢侵，

× × ×

若偶遇攔路大江水，
可效厄里叟，
乘坐披氅渡河津。

十二月六日　一九三七

贈聖爵

第一次，
你虔捧聖爵向天；
第一次，
上祭壇恭獻酒麵，
大志已酬，
神樂溢面，
我若不在你身邊，
聖爵提醒你，

首祭時念我一念，

×××

首祭後，

你重捧聖爵向天；

每清早，

在祭壇重獻酒麵，

你我分手，

海天遙遠，

你我每早行祭獻，

彼此的友情，

染著聖血日新鮮，

×××

有一天，
你聽說我命已斷；
有一天，
你聽說我地下眠。
你捧聖捧，
清淚泫泫，
我可向死作笑面；
悄悄離人世，

祭壇上有人眷念。

二月十一日 一九四五

送謝次彭公使

走過戰燄駐教廷，
七百年，
中華教史第一人，
助教會，
四年在梵築新基，(一)
青史名可存，
× × ×
村墟城荒八年戰，

無條件，
日本投降勝利穩，
一年後，
長江黃河軍相對，
兄弟把家焚，
×××
長望東天徒嘆息，
卸使職，
東歸以見救國心，
我四載，

幸享師情兼友情，
言別心意紊。
十二月 一九四六

註：

(一) 梵蒂岡教廷

七・戰火

帝國夢

（義大利征服亞彼細尼，義兼亞皇）

靜夜喜炮聲嘹喨，
燈下旗幟展招，
羅瑪帝國，
千載後重樹王朝。
×　×　×
可憐羅瑪帝國夢，
皇宮殘柱蕭條，

荒煙廢墟，
曾犧牲千萬人頭。
× × ×
廿世紀後又續夢。
殘柱上建高樓，
他日荒煙，
子子孫孫再追弔。
× × ×
望長天細問明月，
人聰慧這般少？

我恨鬧聲，
不容我安睡一宵。

五月十日 一九三六

哀北平

北平老母，
你爲何全身縞素？
披髮垢面，
似成了街頭乞婦，
兒孫不肖，
纔逼你走這苦路，

× × ×

三島忘恩，

想將祖母作僕婦。
搶奪人口連婦孺。
鐵索綁你，
逼迫你改姓換譜。

×××

往年岳飛，
曾爲你受火烙骨。
宋文天祥，
曾對你正氣高歌。
明史可法，

謀救你揚州起弩。

× × ×

今日兒孫,
並非人人雅片夫,
換上戎裝,
豈能忍你籍爲奴,
兒孫誓志,
保全祖先傳代物。

一九三七年冬

羅瑪被炸

剛自城市歸，
洗去汗滴換輕袍。
執筆舖信紙，
免使友人發嘮騷。
嗚嗚聲忽響，
羅馬空襲鳴警報。
習聞飛機過，
繼續寫信心不燥。

驟而響隆隆，
好似飛機屋頂掃。
跳身窗口前，
羅馬一遍煙火冒。
飛步奔下樓，
尋覓同學在地牢。
三五群相聚，
各談親見飛機到。
六機閃電下，
火車站房著火燒。

轟轟忽隆隆，
高射炮連珠怒號。
我手取唸珠，
公誦玫瑰行祈禱。
旁坐眾修女，
面面慘白神色焦。
窗外略清靜，
潛步上樓看火燒。
煙柱衝天雲，
白日下火光熖熖。

俄見鳥形物，
人字雁行回城繞。
炮聲突起發，
彈花追逐雁行鳥。
鐵雁徐飛旋，
飛機場中煙簇冒。
車站連棧房，
火團又上干雲霄。
地震天昏沉，
辨不清炸彈大炮。

雙足立不定，
奔下樓梯藏地牢。
燈火白日悽，
人面鬱鬱絕言笑。
久待無聲響，
輕足上樓憑窗眺。
日色沉慘慘，
長街無人灰不飄。
黑煙蔽蒼天，
校園松柏鳥不叫。

警報忽長鳴，
告我空襲已完了。
多少好家庭，
於今一片煙火焦！
父母妻兒女，
徒然流淚奔呼叫！

七月十九日　一九四三

倒台

看門少年來相告
罕人大奇事，
慕索里尼驟倒台，
法黨敗塗地，
敗塗地，
昨夜夢，
夢中聽人聲沸海，
高呼自由千萬載。

× × ×

趕開後門往報攤，
攤前大堆人，
立看攤主抹色彩，
刷寫新攤面，
新攤面，
免受打，
黨報扯碎遍地在，
大家渴待新報來。

× × ×

買菜婦女集巷隅，
喁喁交頭語，
清道夫怒把帚摔，
想笑又想氣，
又想氣，
遍地紙，
破碎玻璃滿街巷，
家家慕像齊打壞。

×　×　×

吃畢早餐急出校，

下山渡短橋，
橋頭大人夾小孩，
敲碎法黨徽，
法黨徽，
刺眼目，
登屋扒樹怕不快，
壯夫運錘滿頭汗。

× × ×

搖旗結隊男雜女，
呵呵歌自由，

曳拉銅像腳腳踩，

銅像缺耳目，

缺耳目，

法黨魁，

昨天銅像坐高台，

今晨被扯河中摔。

× × ×

威尼斯宮兵層層，㈠

尊尊山野炮，

宮門緊閉縫不開。

遊人蟻聚看，
蟻聚看，
心情換。
想當日人山人海，
歡呼慕氏全國帥。
×××
長街樓房旗幟揚，
軍警夾道馳，
大路男女肩相挨，
錦繡美衣裳，

如慶辰，

二十年來全國帥，

一夜倒台人人快。

七月廿六日　一九四三

註：

(一)　慕索里尼公署

秋月

銀盤月，
淨鏡天幕，
羅瑪千家百戶閉窗戶。
× × ×
炸彈響，
鎗聲呼呼，
死屍城外向月無人收，
× × ×

心膽怯，

蕭條街路，

月亮越明長街越寂寞。(一)

九月十四日 一九四三

註：

(一) 月明夜越怕空襲

隧道

磚石砌住隧道口,
去年警報作,
大家往裡跑。
於今隧道充家屋,
行行破被舖,
堆堆鐵鍋灶。
× × ×
蓬髮婦人吹薪火,

舖上躺老婦，
鍋旁小孩吵。
垂頭坐地壯年人，
閒看過路客，
手弄破氈帽。

× × ×

垢面褸衣小兒童，
伸手向路人，
討錢討麵包。
昏昏濛濛滿煙灰，

臭氣刺人腦。

×××

隧道口外曬太陽，
紅顏少年女，
羞被過客瞧。
我嘆這輩失家人，
百年家傳產，
炸成一片焦！

二月 一九四四

教室

清晨冒寒風，
趕入大學門，
門傍痲袋雜亂堆，
袋邊立木櫃。

×××

照常登二樓，
往我授課室，
室外小孩似小鬼，

還見女人背。

× × ×

驚疑問婦人,

言來自城郊,

家居傳大田產內,

砲火現如雷。

× × ×

英美軍登陸,

飛機日夜炸,

德軍戰車重炮隊,

田園滿土堆。

× × ×

攜牛帶木器，
進城找安所，
進伯祿殿近數丈內，
可免性命危。

× × ×

課後步回寓，
街上多牛車，
木器衣服雜成堆，

婦孺掛眼淚。

二月 一九四四

兩老婦

兩老婦
共抬重水瓶,
移三步,
暫放瓶喘氣:
「呵天主,
炸彈日夜轟,
煤氣絕,
柴少炭又稀,

水管破，
拿水跑一里，
千萬家，
瓶罐互相擠，
兩老腿，
酸痛沒氣力！」

三月十八日 一九四四

伯祿殿

伯祿殿前擠男女，
階上曝春陽，
婦人絮談小孩跑，
老漢搓手掌。

×××

清晨出門夜方歸，
殿前避炸彈，
教宗宮殿靜靜立，

托庇較穩當。㈠

三月 一九四四

註：

㈠當是時，英美飛機日間炸羅瑪近郊，居民常於日間集齊伯祿殿前，信英美必不於此處投彈。

勝利

（八月十號，于斌主教適來羅瑪，謝次彭公使宴之於旅館，席間，日本投降消息傳來，大家喜極歡呼，次彭公使出法國名酒以賀）

午宴席上喜信來，
日本投降，
頓足立起，
酒杯相觸聲鏗鏘。

× × ×

八年火燄今日滅，
天恩浩蕩，
炮火聲中，
中國老弱轉富強。

× × ×

若使明日有飛機，
歸國還鄉，
飛到衡陽，
往尋南鄉一草房。

× × ×

國內難民數千萬，
今都腳忙，
放腳尋路，
抱兒攜妻各還鄉。

× × ×

只恨海外沒爆竹，
放數萬響，
今日國內，
千里萬里爆碰磅。

八月十日 一九四五

弟弟

（贈Fiamingo修女）

五載俘虜弟弟歸，
洞房已安排，
訂婚妻團團熱愛。

× × ×

近在咫尺弟反遠，
已歸不歸來，
一病喪命在大海。

× × ×

葬身異地波爾塞，
人把遺物帶，
墳土一掬也帶來。

× × ×

你欲哭弟不得哭；
老母淚應揩，
訂婚妻斷腸須解！

九月 一九四五

義大利全民投票

（義大利人投票，決定共和或君主）

天亮乘車出，
投票所前人排隊，
修士長袍更打眼，
僕婦頭巾鮮，
修女手中唸珠垂。

× × ×

寓友歸午餐，

四個鐘頭擠痛腿，
擠不進投票門庭，
我笑他心懶，
看投票輕於口嘴。

×××

傍晚遊街衢，
投票所前人頭堆，
揮巾擦頭口噓氣。
白髮婦人出，
首次投票喜揚眉。

× × ×

長街店門閉。
晚涼風輕把衣吹，
滿壁標語無人瞧，
「君主或共和」
此問遍掛每人嘴。
六月二日 一九四六

羅光全書

冊廿九之二

羅瑪晨鐘（二）

臺灣學生書局印行

羅瑪晨鐘(二)

目錄

一九五一年

除夕

冷雨瀟瀟，
除夕使館強作歡，祖國悽情夾家思，
今夜心中煎。
×××
一年凶夢，祖國國旗轉眼換！(一)
幸而靠天不靠人，
新年希望鮮。

十二月除夕　一九四九 Roma.

註：

㈠ 中共佔據大陸，改換五星旗

望鄉寓

（購小房三間，聊作海外棲身之所）

午夜孤燈照睡眼，
銷門閣書上床眠，
非寓也非家，
聊買一房免播遷。

×××

羅瑪聽鐘二十年，
每次言歸歸期遠，

上次遭倭禍，
今日共匪把路斷。
×××
海外卜居算幸緣，
國人有家家門亂，
主教司鐸輩，
鐵索鎖身牢中轉。
×××
遠望赤焰燒東天，㈠
十字神架光更顯，㈡

愧我得苟安，
不能身與神聖戰，

一月十五日　一九五〇 Roma.

註：

㈠赤焰—共匪。

㈡十字神架—聖教會

使館

霜白朝氣清，
廳堂常寂寞，
冬不燃火使館涼，
門絕客足。

×××

生性喜天寒，
最怕炎熱苦，
國弱友少人情冷，

加我清福。

二月二十二日 一九五〇 Roma.

清潔

昨夜一夢天地白，
園徑皎然潔，
五年來，
待雪不到夢見雪。
×××
清早出門泥滿腳，
長街水脈脈，
夜來夢，

雖願再尋思路絕。

二月二十八日 一九五〇 Roma.

晉鐸週年

今天若不患頭疼，
自忖度，
空度鐸職十四冬，
心苦怎樣重！
× × ×
幸而今天腦袋疼，
小小苦，
聊作節禮向主貢，強於兩手空。

二月九日　一九五〇　Roma.

拜聖依搦斯墓

（羅馬聖依搦斯殿，藏有聖女之墓，今年鑿開墓穴，穴前設一玻璃窗，來　客可見聖女古銀棺）

怎堪想，
當日鋼斧斷弱頸，
羨今日，
銀棺藏玉容，
×××
若當年，嫁作貴婦享尊榮，

到於今，
枯骨何處尋！
×××
鋼斧手，
斬殺弱女女反生，
世世人，
棺前跪朝聖。

二月二十七日 一九五〇 Roma.

靜巷

靜巷慢提步，
捧書誦聖詠，
一路人家花繞牆，
青天淨無雲。
×××
依門老叟坐，
垂頭睡醺醺，
毛狗兩三隔牆吠，

小雀樹中遁。

×××

假日巷更靜，
公園少年群，
鬧市我喜得幽境，
散步解心細。

三月十二日　一九五〇 Roma.

盛衰

（日過前義相慕索里尼故居，寂攸無人，有感）

鐵欄晝鎖門人老，
雜草亂生誰來掃。
當年門警多，
花色四時好。

×××

試問牆頭石像人，
歷代盛衰見幾遭。

蒼苔綠斑身，
任憑風雨熬。

×××

只有百年古松櫚，
四季長綠氣色豪，
亂草或香花，
懶然看不到。

三月十八日　一九五〇 Roma.

舊地

（偕羅瑪之中國司鐸修生等，遊Ostia海濱有懷故人）

海水四年未換色，
依稀，
猶識你家門樹。

×××

一腳一腳沙上印，
風起，
沙灘已無腳痕。

三月二十三日 一九五〇 Roma.

釘死

耶穌出時，首帶茨冠，身披紫袍，比辣多語眾曰：可以觀其人矣，司祭諸長與吏胥見而大呼曰：釘死之！釘死之！（若望福音傳十九章第五節）

束茨作冠血濺髮，
敝袍蓋鞭創，
軟軟蘆葦充權杖，
雙手繩索綁。
釘死釘死！

猶太怎認你作主！

×××

猶太只敬羅瑪皇，
金冠氣何壯，
權杖一伸天下震，
紫袍甲冑裝。
釘死釘死！
你這襤 沒人相！

×××

人卻也把自己釘，

多麼可憐相，

聲名金錢苦於茨，

刺裂腦髓槳。

釘死釘死！

滿街人頭血行行！

× × ×

香肌玉骨美人身，

血污滿衣裳，

春花秋月容貌美，

脆弱似蘆槍。

釘死釘死！

十字已成人生相！

×××

人人自上十字架，

手足直僵僵。

你雖釘死又復活，

手足帶創傷。

你能伸手，

拔去鐵釘把人放。

四月二日　聖瞻禮六　一九五〇 Roma.

叫賣

家近菜市常過市，
菜攤連肉案，
賣者張口誇菜美，
滔滔萬遍，
說得人口饞。
× × ×
穿市入街看行人，
叫賣個個喊，

女人賣肉賣服飾，
男賣氣概，
叫得我心寒。

×××

出街尋路入公園，
松柏靜而閑，
繁花滿畦映春日，
不撩人眼，
樂對自然胸襟寬。

四月三十日　一九五〇 Roma.

子孫

（駐教廷使館租羅瑪貴族一樓為館址，此樓今已出賣，乃遷出，新主將折樓，建民房出租謀利）。

修竹羅瑪稀，
千竿綠古壁，
羅衣紅裙當年艷綠葉，
今日亂草悽。
× × ×
園主今已易，

斬竹把屋拆，
當年父母曾囑保高樓，
子孫豈留意！

五月五日　一九五〇 Roma.

夜花

涼臺獨澆花，
散心忘孤寂，
一角藍天星晨少，
四鄰窗戶閉。

×××

得水再承露，
夜花多生意。
欣欣自對造化主，

豈求人賞識？

五月十五日　一九五〇 Roma.

假日長街

假日長街美服裝，
只恐人不睬。
男伴女，
更怕人見不相愛。

×××

我獨閒步人群中，
冷眼觀眾態。
貴家狗，㈠

今日毛光尾亂擺。

五月十八日　耶穌聖天節　一九五〇　Roma.

註：

㈠　行人牽狗出遊。

醒來

一覺醒來午夜靜，
神清，
往日事，
一目了明。

×××

此刻良心如電閃，
明鏡，
利刃刺，

剖出愧情，

五月二十一日 一九五〇 Roma.

聖體出巡

（今年聖年，六月八日聖體節，教宗自捧聖體出巡於聖伯鐸祿廣場，我得為教宗撐天棚架）

兩手力撐天棚架，
覆蓋教宗，
覆蓋耶穌。

×××

今日可見聖體尊，
國王元首，

隨行徒步。

×××

我望潔白聖體餅，

小到無形，

呆若枯木。

×××

心載天棚飄飄飛，

飛遍九天，

覆蓋耶穌。

六月八日　一九五〇 Roma

聖郭蕾蒂列聖品典禮

當年夏月照蘆水。
荒涼屋內寡婦泣。一二鄰居，
同哭少女遭凶死。

× × ×

今夜夏月照羅瑪，
四十萬人致敬禮。
兩千年來，
列品大典此次奇。

×××

村女遺容懸殿前，
下覆教宗御座椅，
王后公主，
那有這般尊貴氣。

×××

白頭老母淚滿臉，
眼中尚見少女體。
昔哭女死，
今哭女兒榮無比。

六月二十四日 一九五〇 Roma

贈柏長青主教

（柏主教在衡陽傳教四十三年，今因中共橫行，而又患病，乃離大陸，抵羅瑪時，予往飛機場迎候）

四十三年傳教勞，
今日一病夫。
單身回國，
貧無所有只有苦。
×××
粗衣短裳一窮漢，

身無主教服。
共匪雖暴，
將你功業運天府。

六月廿日　一九五〇　Roma.

朝聖堂

天天薄暮朝聖堂，
只見窮老婦，
跪地訴心苦。

× × ×

青年力富身體美，
那願入暗殿，
靜靜心頭慮。

× × ×

出堂路上看行人，
個個匆忙忙，
臉露心空虛。

七月十六日　一九五〇 Roma.

鄉居

午雞喔喔多鄉味，
菜圃夾果園。
久困城市偶下鄉，
開心憶童年。
×××
難得同鄉海外聚，
舊事談不厭。
午前海灘臥曬日，

午後遊腳遠。

八月四日　一九五〇　Pietra Ligre.

窗外閒眺

山高樹不生，
海風拔勁草，
惟有十字山巔立，
不屈亦不傲。

×××

全村果園綠，
靜聽海浪號，
小鎮路上車擁擠，

浴場俗氣高。

八月八日　一九五〇 Pietra Ligure.

遊散來夢

倦步憩松蔭，
老枝低拂肩。
看沙灘，
沿客擠，
這刻清涼更可羨。

× × ×

松欄綠相接，
海風無塵染。

黃砂上，
肉色炫，
只算海天一斑點。

八月九日　一九五〇 San Romo.

鬥獸場

（今年聖年，美國公教青年代表五百人，來羅馬朝聖，
和德國義國公青代表，在致命聖地鬥獸場，同拜苦路）

明月照頹牆，
牆沿滿燈炷。
昔日狼嗥獅吼爭食人，
今夜經韻頌救主。

×××

三日年義血，

凝固殘磚柱。
三國青年五載互作戰，
今踏義血作友聚。

八月二十日　一九五〇 Roma.

一步

一步數一步，
踏走長街如荒郊，
無人相招。

×××

欲數舊日友，
對著長空群燕笑，
四處飛漂。

九月十日　一九五〇 Roma.

中秋望月

今夜月出早，
皎皎掛林梢。
公園遊人如平日，
誰把月光瞧。

×××

惟我暫停步，
欣讚清光好。
默弔故鄉佳節期，

世亂命不保。

九月二十六日 一九五〇 Roma.

聽琴

(陳伯桐先生於羅瑪東方學院，演奏中國秦朝古琴，聽之有感)

國外聽君奏古樂，
羨君藝絕人，
十指飛叩十六弦，
縷述古人心。

×××

恨我習樂久荒廢，
客居心常緊，

怎得揮手按樂譜，
聊可解心神。

×××

可笑國內無識人，毀弦棄古琴，
只知啞啞舞「羊角」，(一)
心笨樂亦笨。

十月二十日　一九五〇 Roma.

註：

(一) 中共之舞

聖母出巡

（欽定聖母升天教義信條大典前夕，羅瑪舉行聖母出巡禮）

百萬教民擁聖母，
綵燈香花多，
人心熱如燭。

×××

主教紅帽半里路，
歌韻填街巷，
歡呼衝窗戶。

×××

聖母豈忘中國苦，
鑒百萬誠心，
息我民痛哭。

十月三十一日 一九五〇 Roma.

大典

（十一月一日於聖伯鐸祿前行欽定聖母升天教義信條大典）

今日晴明真奇跡，
伯祿殿前顏色鮮，
周圍數里，
人擠成團，
五洲同堂參盛典。

×××

百萬人立教宗坐，

坐者發言聲振山。

聲發自人，

話乃天意，

萬世誠信教宗言。

×××

兩千年來敬瑪莉，

今信登天魂與體。

跟天主子，

同血同肉，

瑪莉肉軀豈成泥。

× × ×

人人昂首看青天，
神見瑪莉母后儀。
心更安穩，
不畏魔力，
聖母在天權無比。

× × ×

在這一刻人忘世，
俯首暫把雙眼閉。
教宗下跪，

獨誦經文，

經文直上青天際。

×××

生罷死罷不著急，

我也不失我肉體。

既信瑪莉，

肉軀升天，

我終也有復活喜。

十一月一日　一九五〇 Roma.

升天

冷涼初冬雨，
無人街寂條。
猶憶前夕，
燈火輝煌過聖節，(一)
今夕靜悄悄。
×××
薄暮往聖堂，
可把鬱情消。

若不希望，
此身一日能升天，
生命何必要！

十一月三日　一九五〇 Roma.

註：

(一) 欽定聖母升天信條日

除夕

寫書到深夜，
獨看兩枝梅，
引起多少思量。
×××
女僕切年糕，
過年兼過壽，
豈不舉杯慶賞？
×××

午夜紙炮響，
我誦玫瑰經，
省卻許多測想。

一九五〇 Roma.

狗叫

霜風刺肌骨，
挨牆慢慢走。
吼的一聲，
嚇我一大跳，
回頭見牆孔毛狗頭。

× × ×

狗不識人心，
我沒把你毆。

挨牆避雨，

你咬不著我，

又何必無謂把氣嘔。

一月十六日　一九五一 Roma.

共黨地獄

（譚日新君逃出衡陽，來信述說共黨暴行，言為人間地獄）。

憑案對孤燈，
不知從何想起。
慣聽夜雨今夜雨，
使我旅心悽。

× × ×

十八層地獄，
孩時常見寺壁。

今夜忽而現眼前，
出現人間裡。

×××

憑案對孤燈，
不知從何想起！
祖國苦境苦如此，
增我旅心悽！

正月二十九日 一九五一 Roma.

頭痛

(晉鐸週年)

倦臥沒思索，
頭痛連日夜。
神魂好似沉大海，
肌骨僵凍結。

×××

我已忘世界，
萬事都沉滅。

不思索中有一念，
「救世須流血」。

二月九日　一九五一　Roma.

對古人

年來天天對古人，
或者孔孟或老莊。
出門見外國，
入門見故鄉。
×××
古人同作逃亡客，
中共硬把祖宗趕。
事事拜蘇俄，

甘心毀家堂。

×××

是可忍孰不可忍？

孔子氣得鬚翹上。

老子出函谷，

西天再隱藏。

×××

雨聲淅淅風蕭蕭，

夜對古人史論長。

中國數千年，

豈亡於共黨?

二月廿日　一九五一　Roma.

復活節

遲遲春陽，
洗去一冬愁人雨。
早起凭窗，
吱吱小雀語。
×××
復活鐘聲，
上天迎接復生主。
晨風嫋嫋，

駕天使輕羽。

一九五一 Roma.

清晨

鬧鐘斷餘夢，
夢中憂慮一笑空。
窗口陽光，
又報日間勤勞。
×××
看床頭十字，
天主以外情不鐘。開窗喚雀，
雨後綠葉多笑容。

五月二十日　一九五一 Roma

海濱閒臥

滿耳唯松風，
長歌隨雲蹤。
欲有所思又無思，
閉眼可尋夢。

×××

螞蟻忽咬人，
椅邊滿蟻洞。
我知猶是在人間，

清福不可永。

七月十八日　一九五一 Nettuno

海濱觀月

紅月出海隅，
水上現紅河。
俄而月變白，
海上漂銀波。

×××

涼臺數小童，
拍手向月歌。
我神飛衡陽，

重味童年樂。

七月二十日 一九五一 Nettuno

觀潮

舉目無限海風嘯，
千年浪潮。
獨立石巖，
身似沙鷗點點小。
×××
浪花濺躍斜陽笑，
巖上影瘦。
俯看螃蟹，

爭逐巖隙竟自驕。

七月二十三日 一九五一 Nettuno

自足

牆外汽車嗚嗚嗚，
園內球場轟歡呼。
望松枝，
聽清風，
洒然自足。
×××
心清可接天上父，
展開胸襟容萬物，

海波靜，
夕陽明，
不染不污。

七月二八日　一九五一　Nettuno

舊事

松蟬息思慮，
藍天深且遠。
席草臥，
半日不覺倦。
×××
海濱浴客多，
我卻孤心懸。
浪來回，

舊事多留戀。

×××

兩鬢夾銀絲，
百歲一眨眼。
天主內，
無後也無前。

八月三日　一九五一　Nettuno

國際祈禱

（十月初旬，羅瑪舉行教友協助宣教事業大會。六十餘國代表，在古門獸場，為十四國遭共黨壓迫之教胞行祈禱。）

燭光兩行照，
登山拜苦路。㈠
一隊一隊十四國，
紀念耶穌念民族。
×××
寒光繞松桂，

行人踏殘柱。
繁星新月同悲憤，
千萬教胞訴苦緒。

×××

靜夜鬥獸場，
忽聞獅豹虎。
羅瑪古皇又再起，
縱放野獸殘教徒。

×××

但看愛神廟，㈡

今夜充聖所。
廟破神絕羅瑪衰，
敬奉基督十字木。

十月十二日　一九五一 Roma

註：

㈠「苦路」，公教紀念耶穌受難的經文。

㈡古門獸場側，有古羅瑪愛神廟遺蹟。今國際祈禱，於愛神廟廢址，行閉幕禮。廢址上，以燭炷綴結一大十字。

火

呼呼秋夜風，
黃葉滿街衢。
清道夫，
燒葉取煖煙籠樹。
×××
怎能點把火，
燒斷愁心緒！
家國憂，

有如落葉紛紛聚。

十一月十二日 一九五一 Roma

潔白聖餅

我手中捧的聖餅，
怎麼這樣白，
這樣輕？

×××

釘在十字的耶穌，
不是滿身血，
僵且硬？

×××

人們用石封墓門，
怕死屍行動，
怕血腥。
×××
死屍竟飛出石墓，
變成這樣白，
這樣輕。
×××
人們殺他他養人，
躲他他越近。

神愛情。

二月九日　一九五二 Roma

天心

夜夜陪孤燈，
鄉音久已絕，
心似海中一孤葉。
×××
開窗望長天，
街燈昏昏射，
空中星光久已滅。
×××

全城靜寂寂，
我心未能竭，
只有天心獨可接。

三月廿六日　一九五二 Roma

玫瑰

薄暮書室朦朦，
陽臺玫瑰一點紅。
秀雅色，
豈肯沉在黑暗中。

×××

四週黑暗漸濃，
玫瑰獨顯造化功。
寂寞裡，

頓覺天主仁愛重。

五月四日　一九五二 Roma

栽花

數丈陽臺地方少，
花盆處處放。
辦了公閱了書，
栽培花草忙。
×××
一葉一蕊經心看，
天地可讚賞。
人間一切醜惡，

一時都忘了。

五月十三日　一九五二 Roma

朝華麗馬聖母

荒山深谷變聖地，
大堂高矗，
廣場信人百萬集。
×××
亂世人心無所依，
眼只望天，
聖母自天顯形蹟。
×××

我等遠來百萬里，
四萬萬人，
都由我輩達敬意。
×××
蘇俄歸化非人力，
聖母預言，
上天將使有此期。
×××
此期早臨天下喜，
中國從此，

也可免除萬惡基。

×××

回首東望騰騰殺氣，
同胞作奴，
都向聖母求救急。

×××

聖母預言必是實，
我等深信，
中華再有自由日。

六月 一九五二 Fotima

閒居

滿眼青綠心也淨，
暫忘城市色，
閒看肥牛臥樹側。

×××

若使草地沒螞蟻，
有書也不閱，
我便臥地待星月。

七月二十二日 一九五二 Nettuno

雨後

驟雨洗淨樹葉，
海上紅綠變色，
斜陽更表親切。

×××

陽臺婦女喋喋，
海灘浪花似雪，
白鷗一聲清絕。

七月二十二日 一九五二 Nettuno

鄉村

深林無風自清涼，
蟬聲消暑熱。
看母牛，
臥地嚙乾草，
思慮絲絲絕。

×××

生於鄉村長於城，
鄉性何嘗滅？

怎能得田野小聖堂，
心與天主接！

八月十日　一九五二　Nettuno

除夕

讓女僕招兒女，
來我寓所同過年，
他們一家，
五年除夕不相聚，
今夕多喜歡。

× × ×

我喜他們談笑，
鄰街火炮人聲亂，

除夕無親，
且喜能使一家，
母子相團圓。

一九五二

賀剛公恒毅榮晉樞機

三十年前往中華，
統理教化，
闢斧開山，
鋼鐵造橋，
打通中國到羅瑪。

×××

路既開通便出發，
六位華鐸，

引來羅瑪，

三百年來，

首任教權杖拿。

× × ×

批批華生來傳大，

伯鐸墓側，

修治神業，

他日歸去，

永作東西連絡架。

× × ×

現今共黨把路遮，
路上使者，
或趕或殺，
多麼愚蠢，
路在精神刀何怕！
×××
我公開路功可嘉，
中華教會，
根基奠下，
我輩小子，

常念芳表奉式法。

一月二十四日 一九五三 Roma

祖國國花

山茶潔白擁鐵欄，
臘梅已吐葉，
水仙秀綠，
春來了也！

×××

年來想歸歸不成，
安心長作客，
學字寫畫，

國花種些。

×××

兩頓飯後看花木，
一天大事業，
書中哲理，
怎及花色。

三月 一九五三 Roma

出門

出門自問往何處，
只願靜巷慢慢走。
且喜行人稀，
不添心上愁。

×××

出巷轉入小經堂，
堂中油燈光似豆。
我忘我軀殼，

也忘了宇宙。

×××

我心自由可上天，
又覺天主在心頭。
另外一世界，
另一個心頭。

七月十一日　一九五三 Roma

堤上作歌

（靜坐堤上，海水擊堤，聲調常是一致。暮風清涼，心中略有悲意，乃仿水聲作歌）

我無長恨沉海底，
只要水浪洗塵濁。
濯濯，——
堤石磨光淨，
我心如石何！
× × ×

有浪無浪水擊堤，
四十年來人海中。
衝衝，——
一生似平靜，
心被水衝空。

×××

萬頃綠波對藍天，
兩三暮舟傍岸遊，
悠悠。——
司鐸非隱者，

常在人海划逆流。

七月二十一日 一九五三 Nettuno

堤上

莫回頭，
堤上男女肉色俗。
縱目海天闊，
一掃心頭千萬緒。

× × ×

石縫裡，
螃蟹伸足探身出。
草中隊隊魚，

往來遊行多自如。

七月二十五日 一九五三 Nettuno

山居

萬刃山頭一小村，
周圍矗峙石巖峰。
綠樹攀巖立，
牧場斜佈山坳中。
×××
人聲已稀車聲絕，
峽澗急流鳴淙淙。
間而一牛鳴，

青天無雲草不動。

七月卅一日　一九五三 Fongara

山中急雨

山高雷音響，
雲堆接窗簾，
牆外樹木莫分辨。

×××

狂風逐雲霧，雨急如利箭，
萬枝直向巖壁鑽。

×××

簾外葡萄架，

淙淙雨點點，
清新勝過蕉葉喧。

八月三日　一九五三　Fongara

山村

山村起炊煙，
僻路逢牛歸。
牧童笑問安，
薄暮野花顏色微。
×××
童年故鄉事，
這時心頭回。
澗水日夜流，

夾著鄉思入夢寐。

八月六日　一九五三 Fongara

白髮

一樣的街房，
一色的樹木，
四季過去忘年月，
晨起梳頭驚髮白！

×××

似是昨日來，
卻已廿三年，
那願終生長作客，

只恨有國歸不得！

十一月十五日 一九五三 Roma

磚牆

磚牆連磚牆，
汽車追汽車。
眼忙腳亂，
一身灰塵一心鐵。
×××
偶見籬間草，
一花夾鮮葉。
喜見天功，

沒被人力全消滅。

五月十八日　一九五四 Roma

朝聖

（聖母年，中國本籍及傳教主教神父，組織朝聖團，朝拜羅瑪聖母大殿）

生處不同心相同，
同憐中國多災凶。
盡人力，
沒法救，
聖母臺前求顯靈。
×××
衰顏華髮容貌苦，

大都來自牢獄中。
心卻想，
再回去，
切求聖母把路通。
×××
幾百年前傳教士，
首次佈道往華中，
到這裡，
求聖母，
許帶聖像同向東。

×××

我等也貪這美夢，
捧著母像即起行。
遍中華，
宣母愛，
讚頌天主再造功。

五月二十七日 一九五四 Roma

迎聖母

（聖母年，羅瑪有迎聖母像來家敬禮的善舉。我亦迎聖母來寓）

青年離家鬢已霜，
未曾回去親雙亡。
接聖母，
睹慈顏，
來慰我孤單。

×××

日寇走後來共黨，

兵火虐政阻還鄉。
迎天母，
到寓所，
客寓作家堂。
× × ×
國陷賊手家敗喪，
教會功業盡摧蕩。
作客心，
一分樂，
只有靠天娘。

六月八日 一九五四 Roma

堤上誦經

堤上無人我獨坐，
面對大海誦聖詠，
浪花高數丈，
全海轟然鳴。
×××
斜陽映海白浪鮮，
我頌聖詠波互應，
天地人相合，

共讚造化功。

七月五日　一九五四　Nettuno

美夢

堤浪來回似搖歌，
催我入眠尋美夢。
赤著腳，
追螃蟹，
笑呼鄰家童。

×××

夢見綠海變稻田，
百里稻浪隨南風。

家門前，
伯叔坐，
談談年歲豐。

× × ×

浪水擊石冷濺面，
打斷美夢心情重。
赤血海，
共匪亂，
故鄉換面孔。

七月六日　一九五四　Nettuno

山村慶節

群峰捧明月，
山靜澗聲隆。
幽暗，
無底，
獨我立夜中。

×××

萬慮無頭緒，
隔澗來歌聲。

廿八，
還愿，
謝聖母救命。(一)
×××
幾時我還鄉，
謝恩聖節慶
望天，
墮淚，
深山鳴夜鐘。

七月十六日 一九五四 Fongara

註：

㈠ 村人謝聖母於第二次世界大戰時，救了村人性命

遊山

深山羊腸道，
扙策放腳行，
白雲摸頭，
澗流腳底，
綠葉叢中鶯聲清。
×××
古樹枝交織
風涼汗成冰，

下瞰絕巖，
步履踟躕，
遊伴一笑心頓輕

七月十八日　一九五四 Fongara

退省

四天絕人事，
靜心對天主，
朝見太陽夜見星，
輕風散心緒。

×××

福樂在我心，
心中天主住，
凍草冷花也可愛，

單身依園樹。

十二月十九日 一九五四 Roma

電話

驟聽電話聲不識，
提起姓氏也不知，
別五年，
斷絕了音息。

×××

你說下次通電話，
不要五年以爲期，
我只說：

你來我心喜。

正月卅日 一九五五 Roma

登山

攜杖獨登山，
綠草笑迎接。
周圍重峰相迤邐，
峰外更見遠山雪。

×××

大地一片靜，
烏鴉鳴聲劣。
農夫農婦不抬頭，

割麥割草忙不竭。

八月八日　一九五五　Castelrotto

深山獨步

深山無人足，
唯聞螅蟀聲。
旁有千丈矗天的高峰，
上有暮日映樹頂。
×××
獨步心孤悽，
野鳥亦無蹤。
路側豎立木框十字架，

停足相對得心朋。

八月二十一日 一九五五 Castelrotto

深山雨

深山雨愁人，
被困斗室中。
窗外白霧連灰雲，
唯聞雨叮咚。

×××

喜得友人來，
一笑解愁悶。
本欲下山歸城市，

因又遲遲行。

八月二十五日 一九五五 Castelrotto

清露

清露濕兩腳，
晨風洗胸肺。
開經卷，
誦聖詠，
山高更覺朝陽美，

×××

小雀鳴松枝，
飛蝶戲花蕊。

閉經本，
看白雲，
心曠神怡消塵慮。

八月二八日　一九五五 Castelrotto

雨中閒步

山雨無事擎傘出，
閒步入鎮旋又回。
灰霧橫山半，
滿天孤寂味。

×××

冒雨農夫忙割麥，
馬拖重載頸水墜。
我閒竟愁悶，

何不早賦歸？

八月卅一日　一九五五 Cartelratto

除夕

無賓客，
無盛筵，
今夕也似平常天。
× × ×
聽窗外，
竹炮喧，
家家喧嘩迎新年。
× × ×

僮僕輩，
舉杯盞，
賀年賀生很欣歡。

×××

雖不似，
飛蓬轉，
也是年年望家園！

一九五五年除夕

退省

微風吹松柏，
蒼天白雨稀。
不見車馬見綠葉，
青青，
心共長天淨如洗。

×××

四天閉門居，
愈與天主密。

看看往日看來日，
匆匆，
風雨過後月照地。

正月十五日　一九五六

獨眺

獨步登山徑，
偶而汽車驚腳步，
一縱眼，
海灣海城裏夕霧。
×××
隱院牆滿藤，
修女浣衣種菜蔬，
街市人，

小如螞蟻相追逐。

七月十五日　一九五六 Alassio

退省

暮雀噪松林，
斜陽暖可愛。
園中唯我放腳走，
閒看玫瑰嫩芽開。

×××

四天退省靜，
獨與耶穌在。
綠葉小雀互相招，

人生真趣在心懷。

三月三日　一九五七

湖濱

連綿燈光映湖波，
山峰摸星辰，
俄而月出兩峰間，
小艇波粼粼。

× × ×

師友相聚山水美，㈠
笑語破夜靜，
月照中天湖水白，

露滴冷我身。

七月二十二日 一九五六 Morlasio Iaco di Como

註：

㈠ 同聚湖濱者，有于斌總主教謝次彭大使施森道神父徐熙光神父。

陪田耕莘樞機抵台北

衝破重雲冒過雨，
飛機落平地。
廿七年後返祖國，
酸也甜也，
無言表心意。

×　×　×

三千人士擠機場，
熱烈迎樞機。

我充陪從也受迎，
笑面握手，
人人友情密。
× × ×
只恨魔瘴罩大陸，
赤火擋飛機。
悵望衡陽在咫尺
兩把熱淚，
雲端遙相寄。

一九五七　九月十六日　臺北

台灣觀光

來遊臺灣已兩月，
天天拜客赴筵宴，
笑語舉酒杯，
遠客歸情煖。

×××

青青稻田夾農舍，
絕似衡陽五月天，
停步看水牛，

埋首憶童年。

× × ×

熙熙雍雍太平家，
家家籬舍成樂園
誰信百里外，
烽火最前線。

十月 一九五七 臺北

遊日月潭

(吳振鐸副監牧吳宗文神父陪遊日月潭)

日月潭水平如鏡,
湖水綠山共一青,
唐僧骨灰寺,
樑柱油漆濃。
×××
獨木一葉踏浪行,
陋似蠻荒姿態雄,

惜不遇王爺，㈠
擣臼舞已停。

×××

長住湖濱寄餘生，
踏破芒鞋伴野農，
大陸遙在望，
歸心將更重！

九月 一九五七 臺北

註：

㈠ 日月潭畔一村，舊由毛王爺統治，現易名爲村長

朝露德聖母

（露德百週年紀念）

燭炷紅照暮鳥鳴，
洞上石像含笑迎。
跪地拜，
遠來述孝情。

×××

一百年前天女形，
「無染原罪」自成名。

我今日，

口把石巖親。

×××

數萬燭火排隊行，

晚鐘悠悠伴歌聲。

「瑪莉雅萬福」振山林。

×××

排除煩慮信德誠，

默思天母屢顯靈。

古樹枝，

曾攀天衣裾，

×××

世路屈折人情凶，

長望母容心可穩。

來生福，

天母曾許定。

三月二十五日　一九五八　露德

萊茵河畔

晚風吹人涼，
船燈混遠星，
火車汽車振橋木，
萊茵河水牽鄉情。
×××
戰爭留頹垣，
新樓燈更明，
遙問衡陽瀟湘水，

何日見安寧。

八月廿五日　一九五八 Koln

由德赴瑞士途中

日暮火車穿山行，
湖山一眼飛，
何處是歸程？
×　×　×
遊城遊山觀美景，
兩週腿腳疲，
對語唯孤影。
×　×　×

德國復興使人驚，
瑞士和平地，
湖秀山林新。

九月三日　一九五八 Zurich

遊瑞士

湖山帶霧更空靈，
帆彩伴鵝行。
車似遊龍呼聲急，
群雀伴人踵。
×××
湖風習習秋意深，
黃葉披衣襟。
難得一日心情閒，

白鷗穿霧中。

九月四日　一九五八 Zurich

新居

蒼松翠柏擋市聲，
鮮花綠葉露氣淨，
步涼台，
看星月，
鄉村野居何必尋！
×××
晨起枕頭聽鳥聲，
夜晚臥床共月明，

年半百，
遭亂世，
能得安居天恩深。

六月十七日　一九五九 Roma

新月

新月微微光，
海水無限無限廣。
滿眼空洞，
人世路途渺茫茫。
×××
半百鬢已霜，
一事無成心悲愴。
數數星辰，

窗外汽車嗚嗚喊。

八月十三日　一九五九 Nettuno

紀夢

一九六〇年二月九日晉鐸週年，清晨醒來，夜中夢景猶存，心中驚悸不定。夢中，身回中國，遇見回國的留學羅瑪神父一百餘人，都困居在深山中，罰作苦工。

深山重疊絕人煙，
百餘神父汗流肩，
赤著背，
提著鋤，
又似耕地又似築聖殿。

×××

我忽失聲淚滿面，
張開眼睛不敢言，
風蕭蕭，
日淡淡，
不見仇人卻滿仇人眼。

一九六〇 Roma

工作

浮生已半百。
羅瑪一住三十年，
風蕭蕭，
雨疏疏，
欄外鐘聲催人眠。
×××
身爲傳教士，
羅瑪伏案早到晚，

大陸上
滿赤匪！
無人要我回臺灣。

二月二十五日 一九六〇 Roma

天鄉

抬頭問青天，
天鄉怎樣遠？
銀河上？
銀河外？
歸程似無限！

×××

半百鬢已霜，
作客更悽涼！

弟和妹，
音書絕，
今世豈見面！
×××
抬頭看青天，
天鄉在身邊！
開著眼，
不作夢天主處處見。

五月廿三日 一九六〇 Roma
耶穌升天節

晉鐸二十五週年

二十五年登祭壇，
獻祭贖人類。
常想歸國傳福音，
竟居海外不得歸。

× × ×

父母送兒青年出，
望兒升鐸回。
日本蠻兵焚衡陽，

家屋家親兩遭毀。

×××

未見雙親一生恨，

今日更墮淚。

友朋散後獨憑欄，

夜寒霜重市聲微。

二月九日　一九六一　Roma

飛航

白雲層層覆大洋，
飛航作歸客。
三十年旅居，
從此算了結

×××

紫袍金鍊何足榮，
四處充乞者。
欲得千萬金，

教區建事業。

×××

少壯原思有建樹，
惜今頭半白。
辛苦十年事，
引退書中憩。

八月十七日　一九六一年　New York

就職

就職臺灣已一月，
安住城中沒五天。
山河美麗真可愛，
只可惜，
天氣人情，
離我習慣遠！
×××
生平最怕房屋髒，

又怕穢物臭水濺。
公共茶水不敢喝，
還愁著，
汗流夾背，
夜中不安眠！
×××
心雖常繫羅瑪寓，
安適豈是我心戀。
放膽傳教不辭苦，
豈不見

全島聖堂
經韻熱誠虔。

十月一日火車途中 一九六一

心定

圓月照古樹，
獨立憶羅馬，
三十年舊事在心頭，
園靜無人話。
×××
一生長作客，
鄉思竟不罷，
但若他日能得回衡陽，

豈又忘羅馬？

×××

圓月照古樹，

葉密不見花，

隨處作事隨處心能定，

寓所也是家。

六月 一九六二 臺南

弔陸徵祥院長墓

心隨白雪靜，
樹林月光明，
十三年後來弔墓，
猶憶廊上慢步影。

× × ×

河山未變色，
國事已改形，
若使今日你尚在，

相對唏噓無限情。

正月三日　一九六三　Bruges.

德國旅行

殘雪臥青草，
枯林傍溪流，
雲中霧中隱紅日，
火車飛馳心悠悠。

×××

行行汽車走，
房屋新間舊，
戰爭已屬歷史事，

昔日戰敵今爲友。

正月五日 一九六三 Dusseldorf.

瑞士鄉居

四月殘雪伴青松，
奶牛啃新草，
非冬非夏遊客稀，
路傍小花好。

×××

夜靜唯有小溪鳴，
擊石水喘號，
似閒不閒一夜宿，

明天動身早。

四月二十二日 一九六三 Jacobsubad.

羅光全書

冊廿九之三

海濱夕唱

臺灣學生書局印行

海濱夕唱

目　錄

一、

二、

三、

街上所見

殘葉

徐步踏落葉，
楓葉殘！
成蔭纔數月，
劇而臨秋寒。
×××
何必悲殘葉，
人更慘！
樹葉樹心活，

人心先枯乾！

十月二日 一九四七 Roma

小鎮

（Frascati）

汽車塞，
富豪娛假期，
酒桌行行陽光麗。
×××
誰見桌傍，
尚多炸斷壁？
已無人再述戰蹟！

×××

秋草芊芊，牧牛忘天地，

我喜田間忘城氣。

×××

放心隨風，

飄飛地，

洋洋溶在天愛裡。

十月七日　一九四七　Roma

秋蝶

穿樹尋幽竹，
秋陽煖古柏。
小蝶悽遲戀黃花，
雀翅拍拍。

×××

世事似黃花，
悽遲似秋蝶？
人心涼於秋後花，

無香無色。

十月二十二日 一九四七 Roma

追思已亡節

古柏指暮天，
蕉葉餘雨燈下閃。
嚅嚅信眾，
祈禱超脫親出煉。(一)

× × ×

隨眾我入殿，
我信親魂早登天。
旅心孤寂，

求親自天作我伴。

×××

親墳寄何山？
寓舍我供哭親片。
燭火熊熊，
點點孝思火上燃。

十一月二日 一九四七 Roma

註：

(一) 超脫親魂出煉獄登天堂。

先納城

（Siena）

山路峻崎山氣清，
古城雅靜郊更靜。
遍野園林黃葉，
農合安寧。

×××

山巔回望先納城，
暮天雙塔孤伶伶。

三百年前繁華，
這般冷清！
×××
一年世事心不定，
遠來隱院洗心塵。
自愧修道廿載，
俗病反甚！

十一月八日 一九四七 Siena

職務

職務遲到何須急，
坦然談笑，
把職務忘掉。
×××
彼此相視心無隱，
一日積愁，
輕輕一眼消。

十二月九日 一九四七 Roma

兒

（德生公使小公子樹德，因盲腸疾，施行手術。）

抱上樓時喚媽媽，
母淚湧簇簇。
明知割後兒體好，
母心痛兒肉。

×××

天下誰是無母人？
兵士亦母肉！

千萬戰壙土未乾，
軍火又趕做！

正月二十日 一九四八 Roma

古松

（傳信母校校側有古松一株，因市政交通於校舍下鑿隧道，樹根動搖，枝幹傾斜，乃鋸去，心惜之）

枝折身斷，
數百年的身世，
斬於一刀。
×××
雄枝高傲，
豈料根下土崩

劇而身倒。

×××

樹去人凋，

心頭多少舊事，

隨樹同拋。

正月二十七日 一九四八 Roma

晉司鐸十二週年

星光下，
步遲憂思重。
當年心飛天，
於今心卻塵務中。
× × ×
腳向下，
心越向天衝。
登天知有路，

路滑泥爛走不動。

×××

星光下，

步遲憂思重。

默默求天手，

減我塵慮步履鬆。

二月九日　一九四八 Roma

葬禮

（樞機院長畢蕊德里樞機 Card. Pigmatelli Belmonte 之葬禮）

巨燭百枝繞祭台，
萬人致哀悼，
伯鐸祿殿行葬禮，
教宗御駕到。

×××

王爵位貴樞機尊，
九八壽已高。

這般尊榮這般壽，
弔者仍代禱。
×××
靈已忘記爵與位，
主前功過考
若使他能開棺起，
豈羨富貴好？

二月二十日 一九四八 Roma

夜步

好難得今宵圓月，
天清明，
沒煙霧。
極目萬里城樓秀，
晚鐘起，
飛鳥渡。
×××
尋門相訪今日聚，

纔問話，
忽分路。
同住一城相見難，
每次別，
思慮枯。

×××

打破塵世飛上天，
把我心，
獻天主。
只有天主無形愛，

包我心，
無物阻。

二月二十四日　一九四八 Roma

遊威尼斯

(Venice)

一、

紅日滿海水滿城，
白雪掩車軌，
古橋 如蜈蚣
黑划首連尾。

×××

剛纔上划又下划，

在地抑在水？
瑪爾谷場鴿擠人，
場勝殿堂美。

二月二十九日　一九四八 Venice

二、

一半日子坐渡划，
人隨船搖，
看樓房，
波盪中，
全城飄飄，

×××

街樓家家石欄雕，
精好細巧，
每塊石，

輕似雨，
拍沉海潮。
× × ×
回想卅七年，
步步浮漂，
那一處，
我立足，
安似巖礁。
× × ×
威尼斯人識人生，

浪中插，
椿上，
起高樓笑傲浪潮。

三月四日　一九四八　Venice

十字架

市聲冷化夜風中，
越吹越涼我心。
新月卻也高居光寒，
怎向他敞胸襟？

×××

耶穌你手在那裡？
四處把你手尋。
我曾以人手像你手，

誤把我心貼近。

×××

我只見你十字架，
你手冷硬不靈！
我要把我心捧給你，
何處可以收存？

×××

莫非掛在十字上？
枯木血淋淋！
但終比漂流無依好，

最少有椿根。

×××

早遲我心要流血，
同心血相浸，
你不是爲我流了血，
我又何辭碎心？

×××

我心免不了鎗刺，
把有血淚流盡，
但不願再被人手抓，

弄得血污混。

×××

夜露掩蓋了市囂，
萬里樓台靜寢，
我覺心已掛十字架，
一生牢牢釘我心。

三月二十一日 （苦難） 一九四八 Roma

遊佳步麗

（Capri）

一、Arco natnrale.

絕壁迎海濤，
據崖獨攝影。
海水萬丈藍接天，
白鷗過壁孔。

×××

宇宙唯風聲，

崖石伴孤松。
復活節期獨遊此，
讚美造化功。

三月廿八日　一九四八　Capri

二、Ristorante Campavelli

飯館獨坐，
放下刀叉書明片，
飯館人多我心孤，
寄友一念。

×××

滿眼海濤，
島崖峻峭石色鮮，
拿波里城連煙海，
海日灩瀲。

三月二十八日 一九四八 Capri

遊朋貝古城

（Pompei）

尊尊石屍，
兩千年前曾活活，
淫逸天下傳。

× × ×

天怒難逃，
一夜間全城石化，城埋兩千年。

× × ×

弔古哀今，
今日淫逸逃天火？
石屍慘無言。
× × ×
石屍留跡，
今原子炸彈下，
人城雙絕滅。

三月廿九日 一九四八 Ponpei

遊雅馬輝

（Amalfi）

蛇道貼懸崖，
車下無餘地。
下瞰萬丈水碧，
路彎心忐忑，
怕車撞壁。

× × ×

巉巖形猙獰，

傲然挺身立。
青銅皮鋼鐵體，
舞爪張齒牙，
把海水逼。

×××

海水浩然平，
戲把崖石擊。
紅日萬傾迷離，
造化運妙思，
人世奇麗。

三月九日 一九四八 Amalfi

蚯蚓

（清晨，在聖心婢女院彌撒，路上常遇蚯蚓，有感。）

朝露冷冷，
蚯蚓蠕蠕過馬路。
一伸一縮，
費盡力，
爬過一寸土。
×××
又憐又厭，

不忍踐踏我避步。
對面車來，
我擔心，
蚯蚓命苦。
×××
每晨足前，
段段蚯蚓殘體膚。
明晨過此，
又見它，
蚯蚓橫大路。

×××

路傍花圃，
你何居之不自足。
偏要與人，
爭同走路。
人豈憐弱骨！

四月九日 一九四八 Roma

電車坐客

臉面相接不見臉，
腳踏腳，
肩擠肩，
各人中間似有牆隔斷。

×××

偶而無意互舉眼，
停眼球，
伸眉睫，

多少猜疑還夾無限嫌。

× × ×

同在人世車中轉，

天賜有，

顆赤心，

何不開心略把旅途煖。

四月十六日 一九四八 Roma

小雀

小雀跳朝陽，
春花笑露滴，
人們卻逼我夜夜苦夢，
清晨缺笑意。

×××

棄耶穌苦架，
以爲重且鄙，
人們卻處處自造苦架，

每個血淋瀝。

四月二十日　一九四八　Roma

遊蘇比雅各

（Subiaco）

（隨德生公使陪秉常大使遊聖本篤修道地）

千丈絕壁斬天，
聖本篤，
三十年，
峽中作死囚，
心卻攀崖天中懸。

× × ×

野澗峽底獨喧，
日夜流，
人慮斷，
心與萬物親，
長與天父神交歡。
×××
我今攀路入山，
羊咩咩，
水潺潺，
白雲擁山岫，

前聖足跡雲中踐。

五月五日　一九四八 Roma

終日

終日案頭坐，
只怪今年五月雨，
那知春去夏已來。
× × ×
几上小花矮，
近日莖肥葉添青，
嫩芽朝朝變換快。
× × ×

去冬花莖壞，
我怕花死心悽愁，
剪莖換土又重栽。
× × ×
花將心情代，
葉色清麗表素心，
不犯禁例陪我在。
× × ×
若使花枯敗，
豈贈花人涸心情，

抑我不知友情濺？

×××

如今嫩葉開，
一莖山花兩顆心，
不沾塵埃天露灑。

五月二十五日　一九四八 Roma

睡眼

睡眼未開，
雀聲盈耳驅夢落，
夢斷餘語，
餘語稀微混雀歌。
×××
兩地同一聲，
讚美天主烏雀和，
天容人心，

人世何得有分割。

五月二十六日　一九四八 Roma

修女院

（晚飯後出寓散步過聖心婢女院前院門靜閉牆外男女遊人雙雙因是日為假日）

松高夜陰濃，
鐵欄鎖高院，
欄外男女歌喉囀，
嗤院內，
住滿女郎冰牢圈。

× × ×

院高愛情專，

愛火直上天，

欄外三更人心分，牆內人，

整夜密語聖體前。(一)

六月二十日 一九四八 Rome

註：

(一) 夜間拜守聖體

華棣崗花園

四處綠蔭絕風塵，
園徑淨掃無人走，
我的心，
有似炎夏當涼風，
吹盡一切愁。

×××

昔年日與綠葉親，
惟恐獨坐心蕭條，

既經過，

熱鬧場中孤寂苦，

綠葉親可招。

六月二十日　一九四八　Roma

心靜

心靜怕車鬧，
何況節日車更多。(一)
病臥望友來，
三日希望落。
×××
平日怨忙碌，
只覺日子流水過。
多年作客苦，

病時纔細嚼。

六月二十九日 一九四八 Roma

註：

㈠ 聖伯鐸祿節

聖母聖衣節

（昔日家人團聚之日）

深夜不眠步涼台，
萬家燈火熄。
月明星微，
孤客心悽。

×××

昨夢父親來羅瑪，
攜兩妹兩弟。

往伯祿殿，
參與盛禮。
× × ×
人世家親不再聚！
舉眼望天際。
夢中父親，
不誤歸期。

七月十六日 一九四八 Roma

母親主保節

媽媽，

主保節你合天神隊。

媽媽，

你也見涼台兒獨淚。

× × ×

媽媽，

你在天愛兒情更美，

媽媽，兒越大越須母心陪。

七月二十六日 一九四八 Roma

浪浪

浪浪相逐，
反不見浪花。人擠砂灘，
肉色混黃沙。
×××
裸身露體，
人氣較城雜。
長望海天，
舉心隨飛霞。

八月八日 一九四八 Nettuno

白浪中

白浪中，
小孩駕皮划，
父親手牽皮划索，
牽划如牽馬。
×××
小孩笑，
笑看白浪花，
浪高浪下皮划顛，

孩兒喚爸爸。

×××

望長天，
人世濤浪大，
我如小孩駕葉艇，
全靠天父拉。

八月九日 一九四八 Nettuno

海天

海天無限情無限，
身坐石巖神不滯，
浪呼嘯，
排俗意，
俗盡我心不沾泥。

×××

遙思高峰對白雪，
四山冰潔月色奇。

心轉淨，

情更清，

清心易接離人意。

八月十一日　一九四八　Nettuno

驟雨

驟雨駕猛風，
海波震耳嘯，
浴者奔歸，
我寧冒雨看天威顯耀。

×××

近院母雞噪，
急呼勝海濤，
低首溼翅，

盆雨下拚命把小雛招。

× × ×

轉眼雨已停，
遠島披夕照。
母雞拍翅，
周繞著小雛且走且叫。

八月十二日　一九四八　Nettuno

午夜

午夜忽驚醒，
窗外澎湃澎湃，
明月高照，
似有引擎動全海。
×××
陽光驕且凶，
海浪吞盡砂台，
浪如雄獅，

踞巖我把鬚毛拽。

×××

離巖一縱身，
浪花頓把身埋，
側身躍出，
四週浪花猛打腮。

八月十三日　一九四八　Nettuno

魚帆

魚帆點點，
暮天紅霧，
圓月隱隱現東山，
遠島漸迷糊。

×××

浴棚已寂，
白鷗三五，
極目海水平無浪，

天闊心更孤。

×××

神思相伴，
不覺天暮，
思慮有如晚來風，
風清神不污。

八月十七日 一九四八 Nettuno

晚禱

月光澈我心，
心接造化親。
口中經文何必要，
人與天相參。

× × ×

宇宙鏡光純，
澈骨照我神。
返顧自影隨步走，

棄影如舊身。

×××

海似玻璃盆，

魚帆不見伸。

天光地光烘托我，

天地不復分。

八月二十日 一九四八 Nettuno

一 雲

一刻太陽一刻雨，
非夏又非秋，
雨後葡萄顆顆亮，
桃葉綠舊。

× × ×

城人冒雨也出城，
雨後鄉景秀，
小鎮人人望天晴，

聖像巡遊。

×××

我來別墅主學會，
別墅人不留，
乘車返城不空歸，
清氣滿袖。

九月五日　一九四八　Roooma

（是日我往傳大別墅，主席中華同學會演講會，華生則因往參與小鎮聖像巡行禮無人留校，我即返羅瑪。）

女青年

二十萬赭衣絳帽，
二十萬少女心，
蓋百頃廣場。
×××
忽地裏大雨滂滂，
手中紙旗糜碎，
弱女無慌張。
×××

素日激勵信心強，
冒雨聽教宗訓，
一試足讚賞。

九月五日　一九四八　Roma

（二十萬義大利公教青年會女青年代表，在聖伯鐸祿前覲謁教宗，慶祝女青年部成立三十週年，時天忽雨，女子俱屹立不動。）

男青年

汽車陷入汽車叢，
橋頭人滿，
行行火把照旗幟，
歌聲連街。

× × ×

萬朶燭火貼殿壁，
殿如燈旛，
旛高萬丈接星月，

點點閃爍。

× × ×

百萬火把一齊明，
萬頃光川，
青年放喉唱聖經，
信仰火燃。

× × ×

子夜幾聲銀號鳴，
耶穌降凡，
全場俯首靜肅肅，

人天相歡。

九月十一日　一九四八　Roma

（四十餘萬義大利公教男青年會代表，今晚會集於聖伯鐸祿殿前，恭與子時彌撒，慶祝該部成立七十週年。）

隱修院

（比國聖安德隱院）

兩日火車累，
隱院息我體，
郊野樹綠連接，
路潔氣清地靜僻，
沒書沒事，
歛心察自己。

× × ×

雜花繞庭廊，
綠柏蔭泉水，
百人住院院寂寂，
鐘聲經聲滿晨夕，
飯聽盤叉，
也怕亂人意。

×××

出世二十年，
俗慮少相離，
隱院五日聽經韻，

世間別有一天地，
心懷天主，
萬有皆我備。

九月十八日 一九四八 Roma

贈子興院長

蕭然一榻伴暮年，
已忘懷，
四十年宦途景，
今日心與天相含。
×××
二十年來學貧賤，
脫寒衣，
有多少不眠夜，

能絕世慮心可怨。

×××

昔日使館今隱院，

強半生，

在海外望祖國，

一腔熱血老更燃。

×××

若說鐘聲淨世緣，

愛國情，

脫俗氣變經韻，

日夕悠悠飛上天。

九月十九日 一九四八 Bruges

贈友

（九月十四日，我抵比國聖安德隱院，故友吉候司鐸 Cornely Keogh 於二十日，由魯汶來院，同住一日）

同是異鄉客，
異鄉忽相逢，
隱院地靜俗情涼，
涼不了友朋。
× × ×
松林千年綠，

宇宙長一色，
童話舊事踏松徑，
竟覺從未別。
×××
立看村男女，
秋後掘山芋，
共慶戰後民得安，
又愁戰氛聚。

九月二十日 一九四八 Bruges

贈友

（九月二十一日抵倫敦，故友墨史東司鐸 Antony Mayston 邀我至家。）

五載炸彈凶，
我爲你家天天憂，
今日登門作客，
全家把客留。
×××
人怨倫敦霧，
冰冷人心天常秋，

年後重逢你，
秋水友情久。

九月二十四日　一九四八 London

夜遊巴黎共歌場

(Place de Concad)

燈樹成林，
燈火相接如龍搖，
日間萬車鬨爭，
夜中清雅似雲霄。

× × ×

巴黎幻變，
天堂地獄互相招，

踏燈我登星界，
繁市於我如荒郊。

九月廿九日　一九四八　Paris

遊興

凡爾賽芬登布洛，㈠
路易，拿破崙殿壁輝煌，㈡
御座御床，
當年若知徒供遊人弔，
又何必金銀鏤牆？
身處亭榭心不樂，
死後遊客尚把隱事翻！
×××

麗洗野城兩楹屋，㈢
玩具，小搖車，少女服裝，
輕被紗帳，
若無姐輩一片心情好，
女孩用具誰保藏？
今日臨門朝聖客，
敬此賤物勝於敬法王。

九月卅日　一九四八　Paris

註：

(一) Palace Fontenebleau, Palace Versailles.

(二) Luis XIV, Napoleon I.

(三) Lisieux. Saint Therese.

隱修院

思索隨晨鐘，
叢林清我神。
遊遍歐洲英雄地，
隱院經韻更適心。

十月五日 一九四八 Bruges

（遊倫敦巴黎後，重回聖安德隱院，有感於心。）

弔親

燃燭獨弔親，
年久忘了親容，
靈相接，
心相應。
×××
弔親心反安，
一時俗慮掃淨，
人間事，

一眼清。

×××

弱燭逐消溶，

戀世情懷漸盡，

此刻覺，

親更近。

十一月二日 弔親節 一九四八 Roma

古道

斜陽古道幽，
昔日曾
獨步捧書忘宇宙。

× × ×

今日多人遊，
我卻是
祖國戰禍增心憂。

× × ×

秋風雀聲柔，
四百萬
同胞怨聲向我流。

十一月七日 一九四八 Roma

小孩

小孩戲斜陽，
呼聲振窗簾。
病臥已忘宇宙色，
所聽唯有這叫歡。
×××
怎奈滿床報，
凶報徐州戰。
梟悍共軍五十萬，

掠奪魯豫圖中原。

×××

簾幕樹影黑，

小孩歡散，

燃燭几上弔父母，

在天父母救國難。

十一月十二日　一九四八 Roma

臥病

臥病羅馬城，
忽憶兒時騎水牛。
課後牛背上，
野花爲宇宙。
×××
於今充要人，
日坐汽車急急溜。
騎牛時聰慧，

勝今自策籌。

×××

青草牛慢啃，

我坐牛背看溪流。

請問汽車翁，

誰見宇宙優？

十一月十四日 一九四八 Roma

靈巖

（陪德生公使往朝 ad Rupes聖母，聖母像位於山半石洞中。
由山頂至洞前，一隱修者，費十七年之力穿巖鑿一石梯。）

懸崖聖洞吞斜陽，
一洞祥光托聖母，
穿山鑿路入，
信心破巖巃。
×××
立看古橋夾斜陽，

深谷惟有澗聲促，
念徐州酣戰，
依靈巖心固。

十一月十九日　一九四八 Roma

平靜

樹密燈稀，
初夜巷已靜。
羨人家，
煖室避寒風。
×××
滿腦徐州，
步步憂南京。
涼風起，

葉落觸衣襟。

×××

「一髮墮地，
也有天父命。」
心神安，
抬頭數稀星。

十二月一日 一九四八 Roma

贈于總主教野聲

匆匆飛來，
身上尚帶著戰灰。
我們旅心，
見你更添祖國慮。
×××
匆匆飛去，
太陽滿照飛機背。
祖國命運，

只有天手能轉回。

×××

前三年時，
來此喜舉勝利杯。
今日相逢，
都悲國命如蘆葦。

十二月十六日 一九四八 Roma

贈禮

（聖心婢女院女校，行贈貧孩聖誕禮物典禮）

（贈M. F. 女校校長）

小女孩，
男裝變老翁，
導引村婦朝聖嬰。

×××

捧禮物，
心說獻聖嬰，

手則捧贈窮小童。

× × ×

三十包，
每包沉沉重，
糧食衣衫女生送。

× × ×

聖誕歌，
悠然起廳中，
貧孩富孩同歌聲。

十二月二十四日 一九四八 Roma

新年

（除夕子時，在傳信母校望彌撒，深夜一點半始回寓，路遇大雨。）

剛換了年，
出門大雨。
水沒脛雨透傘，
長街靜寂行路寒。
×××
纔與彌撒，
耶穌相契。

借神眼看今年，
雨夜行路也不難。

×××

回寓臥床，
雨聲泛泛。
先父母家弟妹，
一夜夢中團聚歡。

一九四八 Roma

新居

曾見荊棘擁亂石，
又見磚石相堆積。
今日大樓成，
明日樓中事，
守秘密者唯牆壁。

×××

泥水匠人豈留意，
一磚一石心所寄。

代代樓中人，
走遍天涯處，
所念唯有這磚石。

一月十五日 一九四九 Roma

弔陸子興院長

圓月餘松梢，
繁市早來靜。
清晨，
最可代表你死情。

×××

一生沒缺憾，
圓月過天空。
既過，

又有麗日升山東。

× × ×

我去行彌撒，
超脫你亡靈。
更好，
求你助祖國復興。

一月十六日 一九四九 Roma

飛機

（第一次乘飛機的印象）

失去了大小高低，
城市山陵丘壑，
打成一片，
像小孩玩具棋羅。
×××
法國遍地白雲堆，
雲上太陽無濁，

下瞰雲層，
飛機馳騁人不覺。
×××
渺小一機懸天空，
四顧無限空闊，
纔覺生命，
全憑天主怎定奪

正月十八日　一九四九　Bruges

陸院長殯禮

稀雨泣墓憂心煎，
萬里飛來，
送旅屍，
異鄉土中斂。

×××

懷著國難你上天，
七十八歲，
何曾見

中國太平年。

×××

共火焚國國何慘！

在世無法，

到天庭，

你把祖國援。

×××

松林風嘯雲漫漫，

墓穴新閉，

你曾夢，

北平墳園眠。

×××

墳前比王一花圈，
二十一年，
退隱地，
人將從此念。

×××

墓園十字中壁懸，
跟耶穌死，
跟耶穌，

復活生命鮮。

正月十九日　一九四九　Bruges

旅途

（由比國回羅瑪，火車過瑞士，沿途大雪。）

大雪千里連車軌，
雪花障眼，
隱隱懸崖白如練，
松柏輕絮捲。
×××
深山人家一小屋，
山下雪掩，

澗谷溪石片片白，

水光寒眩。

一月二十二日 一九四九 Roma

靜巷

靜巷陰沉步履響，
愁慮罩心目。
政府瓦解國無主，(一)
無辜血滿路。

×××

歐人側目又鄙我，
且詆我司牧。(二)
靜巷陰沉步履響，

心苦訴天父。

一月二十五日 一九四九 Roma

註：

(一) 本年一月一日大事

(二) 批評中華主教以戰禍離教區

老者

（午時，由使館回寓，途上見一老者，倚牆而泣。問之，答謂力不勝行。因他沿門叫賣掛衣架，憐之。）

白眉掩酸淚，
破架隨著肩頭聳，
下學女孩們，
睜眼看老翁。

×××

沿門賣衣架，

老腿跑得徹骨痛，
貴人汽車過，
毛狗坐車中。

×××

贈點少零錢，
我勸老者心安靜：
耶穌負十字，
三次跌途徑。

一月二十六日　一九四九 Roma

黑毛

黑毛潤澤如絲緞，
纖腿似鼠，
小絨巾護腰腹，
隨主婦遊街衢。

×××

乞兒攔路乞一錢，
主婦叱阻，
我想踢狗一腿，

激主婦慈心緒。

二月一日 一九四九 Roma

公園

（Villa Borghese）

樹枯地多陽，
淺谷遍青草。
星期日，
城人心想學雅騷，
幽靜公園變市曹。

× × ×

飯後我遊園，

趁人尙嫌早。
一遍靜，
兩三小孩草上跑，
席地女郎冬日烤。
×××
漸漸遊人多，
情侶笑聲豪。
松柏路，
更多俗人汽車噪，
提腳出園園塵高。

十一月十四日　一九四八 Roma

小病

小病臥床，
偷閒一天，
眼看簾影數往年。
×××
自驚親死，
時日已遠，
戀世之情從此淺。

六月二十七日 一九四九 Roma

送吳德生公使返國述職

鐵翅回照燈光寒，
揮帽飛機欄，
看家人留異地，
故國單身返。

×××

天上無月午夜黑，
自天回故國，
一天霧一天愁，

安心憑天德。

二月二十一日 一九四九 Roma

狂歡節 (Carnevale)

狂歡節，
人狂歡，
男女成行假面具，
面具遮臉人狂歡，
狂歡不失臉。

×××

狂歡人，

露真臉，
平日檢點乃面具，
帶此面具不敢歡，
狂歡露真臉。

二月十七日 一九四九 Roma

乍煖

乍煖乍寒，
杏蕊新吐又忽殘，
兩三雀，
縮棲枯枝，
讓朝陽曬乾寒霜。
×××
牆側老漢，
平日乞食馬路端，

牆根下，
今日立，
偷取陽光一分煖。

三月六日　一九四九　Roma

瑟芝麗

（祖禹君宜玲女士的小女，名瑟芝麗，聰明可愛）

瑟芝麗，
剛一歲，
會叫爸和媽，
媽媽懷中笑嘻嘻。
×××
爸問她：
耶穌呢？

小眼忙四望，
找見聖像笑咪咪。
×××
肥手掌，
小嘴擊，
舉手向耶穌，
遙送一吻怪親密。
×××
聖母像，
粧檯置，

臨檯知屈首，
口吻聖母不離。
×××
瑟芝麗，
剛一歲，
會叫爸和媽，
一見聖像笑嘻嘻。

三月十一日 一九四九 Roma

無茨玫瑰

（亞細細，天神母后堂側，有一無茨玫瑰花圃，傳係聖方濟各一次慾感薰身，乃解衣投身茨中，血染花葉，玫瑰忽落茨，至今一圃尚無，葉上有血斑）

春寒遲重，
滿圃枝尚枯，
但若非鐵欄繞圃，
遊客必把枝折，
留作聖物。

×××
玫瑰伸莰，
拒絕人手侮，
人表愛情不自苦，
卻折花枝代人情，
花怒遭辱。
×××
聖人毀身，
刺血顯愛主，
非爲折花花何怒，

從此隱莰只存花，
血斑葉綠。

三月廿七日　一九四九　Assisi

許誓

（傳信大學華生，在亞細細天神母后堂許願獻禮，求聖母平中國共亂。）

隔重洋，
空悲祖國炮火，
淚滴滅不了共禍。

×××

五百里，
遠道朝顯靈母，
許誓願求救山河。

×××

聖方濟，
墓中祈禱相和，
免華北教會折磨。

×××

也虔求，
若望蒙高味諾，
中華教務莫殺抹。

×××

五十人，

鄉心顛顛播播，
談誓願來把心縛。

三月二十七日 一九四九 Assisi

聖瞻禮五夜

已經六小時，
出堂入堂人相接，
在聖體墓前，
立者跪者，
口中心中都有話說。
× × ×
平日少進堂，
今日弔喪誰能缺？

豈有人爲我，
把生命捨，
我每年竟不弔墓穴？

×××

艷冶的婦女，
今夕不爲看鬧熱，
工人和軍官，
正立神攝，
各自悲自己的罪孽。

四月十五日　一九四九　Roma

鮮血

（因左上唇，生瘡，施行手術。臥病醫院）

一嘴鮮血，
一堆紗布，
一唇疼痛；
算抵償人世狂吻。
×××
窗外亂聲，
臥床孤獨，

腦中祖國，
我默念代民受苦！
×××
堅食不進，
饑餓絞腹，
安然坦臥，
悲中國餓莩滿路。

五月二日 一九四九 Roma

遠隔

燕影滿窗，
雞鳴喔喔；
枕上伴晨鐘，
　歌讚天德。

×××

火車嗚嗚，
軍號拍拍；
病榻聽人世，

山河遠隔。

五月三日 一九四九 Roma

靜養

長日臥東窗，
手執蕭伯奈劇本，
午鐘鳴了，
侍女捧飯進門。

×××

窗暗天多雲，
大約無人來探問，
病院小住，

忙中正好養神。

五月八日　一九四九　Roma

醫院修女

一房一房，
一床一床，
常聽呻吟，
時見淚汪汪。
×××
你跪經堂，
融化心腸，
莫叫藥瓶，

久而使心僵。
×××
人生真相，
日對你掌，
看透人生，
你該更明朗。

五月十一日　一九四九　Roma

憑窗欄

憑窗欄，
醫院獨看月。
房頂聚，
天小月高，
庭院潔白。
×××
憑窗欄，
醫院獨看月。

鄰兵營，
軍號夜吹，
我悲祖國。
× × ×
憑窗欄，
醫院獨看月。
顧單影，
形孤心孤，
宇宙靜絕。
× × ×

憑窗欄，
醫院獨看月。
團雲飄，
我思來日，
恃主何怯？

五月十三日 一九四九 Roma

厄肋納

（Clena Genovese五歲夭亡）

厄肋納，
你一定想喚媽媽。
使她的淚，
變成一聲笑哈哈。

×××

小孩子，
但你已沒有嘴巴！

媽媽怎能，
聽見你要說的話！

×××

你急著，
叫媽再摩你金髮。
你的小頭，
卻已封閉在棺匣。

×××

厄肋納，
你知道唯一方法？

既無軀骸，
可入母心喚媽媽。

五月十七日 一九四九 Roma

贈薛光前公使

（賀受洗入教）

羅馬六月熱悶懷，
幸脫宦途炎，
得信天主眼開。
炎涼外，
另有清涼界。

××××

五十年中國盛衰，

猶似一輪轉，
默默對聖體祭台。
看升沉，
另有一理在。

×××

信自力造前途，
人生憑己才，
今後知道人世人。，
與天階，
生命纔可愛。

六月二十八　一九四九 Roma

送別吳德生公使

（德生公使辭職赴檀香山任大學中國文哲史教授，志在溝通中西文化，溶合於耶穌聖心中，光送之於拿波里）

旅館集全家，
同念玫瑰經，
相聚只有今一夕，
明日洋中，
遙首望羅馬神京。

×××

離情無法說，
付與玫瑰經，
心既結天父天母，
人世浮萍，
總憑天心常相近。
×××
卸去公使職，
豈懼世途凶，
欲安世途贊化育，
東西相通，

昇平世界聖心中。

七月二十二日 一九四九 Napoei

海濱晚餐

數十里燈火成行，
隱隱現現。
夜浪弱無力，
欲續欲斷。
×××
水榭晚客上只一桌，
海風滿簾。
纔送客上船，(一)

離情猶綿。

七月二十三日 一九四九 Sorrento

註：

(一) 送別吳德生公使

清晨觀海

綠樹紅花朝露濃，
海天靜無人，
捧卷向海誦聖詠，
讚主展我神。
×××
絕崖千尺古松傲，
暗水蔚藍深，
遠煙掩護拿波里，

二三船影渾。

七月二十四日　一九四九　Sorento

自我

經堂靜寂，
沒人呼我「蒙席」
長明燈暗淡，
照不著我所著書籍。
× × ×
聖體台前，
淨淨有我自己，
名銜權位勢，

有如隔世不沾我體。

×××

空虛虛空，

不知來時明日，

真的我自己，

全憑天主慈愛旨意。

七月三十日 一九四九 Roma

海濱看月歌

灰藍天，
無星點，
一輪明月獨自艷。
×××
水如油，
不見舟，
通天波光隨月球。
×××

思慮息

心神包天地，

并忘懷景物麗。

×××

長望月，

又看波如雪，

身與海天溶結。

×××

城燈一盞一盞明，

朵朵漁火清，

有似稀稀夢境。

× × ×

眼目無限心無限，

塵物無足戀，

聖詠句句迴唸。

八月五日　一九四九　Nettuno

鄉愁

陽光滿几席，
窗外木屐響，
心羨浴客海濱躺。
× × ×
偶爾一小病，
避熱不出房，
眼中腦中看衡陽。
× × ×

衡陽又遭圍！
日人燬我鄉，
這次竟又遭××。

八月八日　一九四九　Nettuno

海濱散步

海灣水光紅，
遊划緩緩向岸歸，
貪玩小孩，
遲遲不離夕陽水。
× × ×
遊人滿海濱，
花花輕衣飄夕涼，
本可散心，

卻都自炫徒自忙。

八月十一日　一九四九　Nettuno

海濱晚鐘

光微聊掩卷，
遠鐘敲暮窗，
海黑天藍兩相溶，
早星繫幻想。
×××
叢樹葉不動，
撲面晚風涼，
近市車聲耳不聞，

惟聞遠鐘響。
×××
舉目無所見，
心空絕塵想，
一聲一聲遠鐘聲，
淨澈人心腸。

八月十四日 一九四九·Nettuno

松林

天陰海灘涼，
挾書入深林，
遍地螞蟻不敢坐，
步踏松針，
枝頭遙見遊艇近。
×××
滿林蟬聲噪，
節拍不相混，

空山無人任腳走，
忽忽雨淋，
蟬聲靜絕松風緊。

八月十六日 一九四九 Nettuno

海濱閑思

深深藍，
碧碧清，
正好把一心罪污洗淨，
然怕出水時，
反滿身鹹腥。
×××
浪閃閃，
光晶晶，

一輪斜日竟使海水靈，
遙望水鷗飛，
心歌天父榮。

× × ×

浩淼淼，
水平平，
即使浪高萬丈海仍寧，
萬污流入海，
海水碧碧清。

八月十七日 一九四九 Nettuno

海濱觀魚

筐筐魚捧上岸，
五筐六筐，
海魚我都不知名，
每條死僵僵。

×××

浴客圍看新奇，
睜眼讚賞，
漁夫猶記昨夜苦，

黑臉沒笑相。

×××

我憶家塘網魚，
尾尾跳蕩，
鰱魚鯉魚青草魚，
大家笑拉網。

×××

似見黎明村路，
塘水微漾，
而今眼前萬頃海，

魚網曬夕陽。

八月二十二日　一九四九　Nettuno

贈郭藩神父

（郭藩神父引衡陽六修生來羅瑪）

十三載後回母校，
絲絲變動一眼數，
你驚天地變色，
母校能存舊門戶。
×××
兩天促膝問鄉族，
十人中八人入墓，

纔信衡陽故鄉，
於我已成異鄉土。

九月四日　一九四九　Roma

懷兩弟

雲堆不防圓月，
松枝歷歷指天，
在市不聞車馬喧，
惟有犬聲尖。
×××
臨窗月光滿身，
靜把玫瑰經唸，
一弟衡陽一商港，

祇托天母管。

九月九日 一九四九 Roma

瑟芝麗

（吳祖禹君偕夫人攜小女瑟芝麗離羅瑪往西班牙）

一廳一廳几椅空，
步步人聲靜，
國運衰，
使館多冷清。
×××
一歲小孩居高樓，
平日形跡少，

今已去，
處處留憨笑。
×××
憨憨旅途慰父母，
不覺旅途遙，
在家者，
反覺孤旅愁。

九月十日　一九四九　Roma

秋雨

一夜風雨天轉涼，
園徑落葉多，
此刻雲停風停雨停，
我也停思索。
×××
使館衰運隨國運，
門庭日冷落，
趨炎友既隨夏陽退，

我享讀書樂。

十月二日 一九四九 Roma

中秋

中秋夜，
雲滿天，
月行雲中時隱現。

×××

舊日情，
把心填，
欲淨心靈愁無緣。

×××

若使今夜初秋雨，
淅淅灑松園，
明朝天淨，
明夜月更圓。

×××

雲天浩浩生命遙，
何必戀流年，
時晴時陰，
天愛無時斷。

十月六日　一九四九　Roma

上學

一、

弟攀兄臂步步跳，
書包搖蕩，
宇宙爲他無奇妙。
×××
五十年後白髮愁，
重想今日，
聊忘宇宙可一笑。

十月二十三日 一九四九 Roma

二、

霜風簌簌秋葉落，
沙沙響，
小孩踏葉上學堂。

×××

斑白父母伴兒去，
白髮傍，
黃髫小孩步履爽。

十月二十八日 一九四九 Roma

街上所見

一、雨天

雨點密密街悶閉，
濕氣入人心，
人人脚下還似帶有千斤泥。
×××
平日行人已反背，
雨日電車擠，
彼此身濕還避他人衣上水。

二、清晨

默對晨街心蕭索，
路石分外白，
長街長更長，
門窗靜閉越響行人腳。

×××

晨街有似女未濯，
青面唇不點，
平日紅顏美，
到底仍是一片假粉抹。

三、薄暮

晚街燈光幻，
商品顏色魔力增，
玻璃上滿映婦人眼。

×××

婦女衣飾鮮，
男子一日工作倦，
倦眼在女衣上留連。

四、中午

前後車相擠，
電車人擁背，
似乎此刻人最忙，
卻都是下工隊。
×××
上工寧慢行，
下工車相追，
莫以爲工後疲倦，
此刻笑聲如雷。

五、清晨電車

滿車 鬍鬚，
閉窗人氣腥，
苦力人，
車中仍把睡夢續。
×××
燈下張張一致報(一)
惟我捧經書，
晨車中，
我代工人讚天主。

十一月 一九四九 Roma

註：

㈠ 一致報（Unifa）共黨機關報。

羅瑪晨鐘

本集爲羅光蒙席新體詩第一輯，共詩一百五十餘首，均寫於羅瑪。作者自敘作詩靈感云：「每晨早點後，校園獨步，鳥雀花木，竟又引動了我的詩興」。「每晚我須回使館，月夕雨夜，沿帝百里河，慢步獨行，觀路燈，聽河流，詩興頓起。這幾年的詩篇，動機雖變化百門，其成熟的機會，則常在朝晨與深夜，獨步沈思的時刻。」

又說：「我寫詩的原則有兩條 ㈠ 用韻 ㈡ 有格式」詩筆清麗，富有異國情調，研究新詩者，不可不讀。本詩集係南京聖保祿書局承印，文藻月刊社代售。

羅光全書

冊廿九之四

牧廬晚吟

臺灣學生書局印行

牧廬晚吟

目錄

閒靜

一週不出門，
門窗絕塵俗。
小花恭聖母，
老心已滿足。

民八十二年（一九九三）七月

遊陽明山

陽明山路樹木清，
卻聞竊竊語我名。
登山原想忘人世，
豈料行人不忘情。

民八十二年（一九九三）七月

閒居

天熱不敢下小園，
開窗憑眺竹葉新。
驟雨昨夜散花瓣，
長空白雲映老身。

民八十二年（一九九三）八月

遊陽明山蝶谷

欲觀蝶舞進蝶谷，
石磴木梯氣喘蹙。
回坐車中白雲靜，
山樹接天一眼綠。

民八十二年（一九九三）八月

獨坐聖堂

獨坐聖堂小燈伴，
白髮三千眼中飄。
耳靜心靜口不停，
諸語無聲上雲霄。
八二歲月滿四壁，
看似油燈紅燭消。
翹首長歌聖詠章，

天樂渾身忘夕朝。

民八十二年（一九九三）八月廿七日

牧廬

牧廬門常關，
閒步少出入。
萬卷書中遊，
聖堂入天邑。
心飛出雲海，
不被塵氣襲。
冥中接天父，

心廣萬念翕。

民八十二年（一九九三）九月二日

金山灣

峰迴路轉樹接天，
海灣連山漫漫煙。
綠竹夾道伴行人，
遠天一線海波游。
鎮日困坐鬧市中，
喜得一覩草木鮮。

八十二年（一九九三）八月卅日

中秋

中秋望月雲墨墨，
不羡嫦娥望時雨。
台北人家愁水缺，
佇盼颱風夾雨舞。
遙想千里田連隴，
農夫互語怨焦土。

八十二年（一九九三）中秋節

夢遊

夢遊處處回羅瑪，
少壯寓居三一年。
伯鐸殿頂繞白雲，
鐘聲耳畔日夕傳。
提伯里河沿河行，
曉楓殘月薄薄煙。
鬥獸圓場石破黑，

古帝皇城漫草芊。
千百聖殿聳圓頂，
經韻燭火香雲捲。
公園石像伴遊人，
城中廣場擁噴泉。
老身何時訪舊地，
友朋泰半已歸天。

民八十二年（一九九三）十一月六日

青年節

朝陽未出雲層層，
中正堂前萬青年。
昂首高歌意氣揚，
誓對基督信心堅。
萬眾一心參祭祀，
心同耶穌十字懸。
世海茫茫多風浪，

穩靠天父慈手牽。
邁向人間奔前途，
一臉微笑春陽天。

民八十二年（一九九三）十一月七日

夢醒

夢醒窗微明，
一室空悠悠。
風吹竹打窗，
雨滴葉聲愁。
擦額畫十字，
台掌天恩求。
進堂拜天父，

訴說一日憂。
開門看蘭菊，
花色天已秋。

民八十二年（一九九三）十一月十八日

大陸教會

滅燈慢登床，
眼前一片空。
月圓有誰看，
花間唧唧蟲。
忘卻日間事，
大陸滿心中。
同道擠牢獄，

羅瑪路不通。
何時飄青雲，
山河滿仁風。

民八十二年（一九九三）十一月二十日

花廊

前門後門兩小廊，
闢作花園四季芳。
蝴蝶蘭色排滿架，
綠葉叢中桂花香。
老叟午後兩廊走，
喜見小蝶翻飛翔。
胸頭無事腳步穩，

敬謝天父愛心長。

民八十二年（一九九三）十一月廿四日

隱居

老叟不喜閒聊天，
卻喜埋首書卷中。
也曾長坐辦公室，
俗事神事心忡忡。
攝衣攀登鋼管架，
監視磚石水泥工。
今把從前一筆勾，

牧廬隱居一老翁。
看書寫書時祈禱，
喜與天父常相逢。

民八十二年（一九九三）十一月廿八日

憶鄉

少小離鄉六十年，
舊識親友多歸天。
接到來信不識容，
翻看照片心茫然。
老屋已遭戰火燬，
新居小室全家蜷。
池溏昔日撈魚蝦，

禾苗青青千頃田。
而今夢斷回雁峰，
石鼓書院湘水咽。

民八十二年（一九九三）十一月卅日

往輔仁大學授課（一）

雨後斜陽樹多霧，
課畢學子塞校路。
講壇高論風消散，
年青情懷歡語訴。
行政樓坐十四年，
鬢髮銀白氣喘吁。
種樹成蔭忙樹人，

長望上天賜雨露。
而今退休策杖行，
校園綠葉隨腳步。

民八十二（一九九三）年十二月十二日

新年元旦

鬧市多雨夜，
經韻迎新歲。
壁燈照白頭，
香篆升天際。
祭壇豎十字，
紅燭滴淚祭，
細問歲如何？

基督常相衛。

民八十三年（一九九四）元旦

彌撒聖祭

獨坐對祭壇，
心空萬世塵。
陽光照紅燭，
經韻送星辰。
鬧市車已塞，
金錢纏人身。
慢步虔登壇，

祭品向天伸。
十字光四射，
宇宙一色新。

民八十三年（一九九四）正月十二日

訃聞

夜坐空房寂，
案頭堆訃聞。
傳報老友逝，
白髮入新墳。
凶訊弟子死，
青春車禍焚。
白雲人世路，

落日我亦窘。

舉目望十字，

生命永欣欣。

民八十三年（一九九四）正月廿六日

八里鄉安老院

淡水平流，
望海樓房盡。
冬日煖長廊，
海風吹門楯。
床床露白髮，
長凳坐枯臏。
唯聞修女笑，

扶老步履緊。
素手撫縐額，
愛心舒痛軫。

民八十三年（一九九四）正月廿八日

農曆除夕

年節人去屋已空，
獨對蘭花滿室香。
全台人家圍爐坐，
酒熱心暖遊子腸。
少小離家老不回，
羅瑪台北寓居長。
來雁塔招七十秋，

湘水北流離衡陽。
幸賴天父撫白髮，
祭壇耶穌時相望。
心近聖母聽叮嚀，
隨處是家心是鄉。

民八十三年（一九九四）三月九日

年節人去，司機全家回鄉過年。
來雁塔在衡陽城北，城南有回雁峰，
傳說北方鴻雁到衡陽停留，春暖，北還。

雜感

寒風飄飄雨淋淋，
年節已過心陰沉。
少年吸毒煙蔽日，
淡水黃黑淫污侵。
淫毒兩開他日淚，
浪子緊繫父母心。
懇祈基督雨天露，

青年氣清聖詠吟。

民八十三年（一九九四）三月四日

時事

高速路寬車牛步，
排排車窗眼無奈。
巍巍貨櫃高欲墜，
小車爭竄路肩外。
前車小孩玻璃敲，
路旁窗口濕衣蓋。
台北不斷春梅雨，

海峽常飄冷鋒帶。
閉我雙眼向天父，
長空萬里超雲靄。

民八十三年（一九九四）三月十三日

往輔仁大學授課（二）

滿園杜鵑笑迎叟，
紅白紫花爭招手。
葉葉雨滴添綠意，
朵朵相識舊日友。
冬去春來蝶飛舞，
學生青絲飄新柳。
借問老叟近如何？

我齊胸襟愁莫有。

民八十三年（一九九四）三月十八日

習畫

衡陽修院愛竹蔭，
展現身手攀竹幹。
七十三年居鬧市，
鋪紙潑畫竹葉燦。
湖湘騾馬跑亦穩，
騾同湘人氣堅悍。
三十三載台灣住，

紙上畫馬氣勢看。

八十三年（一九九四）三月廿五日

清明

清明時節春光暖，
遍山衣裾日色暄。
拔草剪籐淨山崗，
鮮花新果陳墓垣。
清酒三杯雙手捧，
肅靜跪地賢子孫。
一生未曾拜祖墳，

荒山濯濯圓土墩。
重建親墳表孝思，
今朝掃墓仍夢奔。
虔上祭壇向天父，
祈賜親魂樂天宛。

八十三年（一九九四）四月五日

雜感一

隔壁起高樓，
危巖掩太陽。
修竹遭夭折，
枝枝綠葉黃。
童年居鄉間，
千頃稻花香。
衡嶽瀟湘水，

一世夢流長。

民八十三年（一九九四）四月十六日

雜感二

細雨濛濛涼旗幟，
舉牌高歌吐苦衷。
侮我聖堂毀古蹟，
立法院前正氣隆。
神州同道噤寒蟬，
欲訴無聲牢獄中。
志得一揮抗爭棒，

天壇頂敲自由鐘。

民八十三年（一九九四）四月十三日

雜感三

山色湖光滿神州，
飛機匆匆觀光風。
滬濱繁華西子清，
長安北京故宮中。
故園鄉村舊山川，
親情濁酒雞黍豐。
莫說老人忘家門，

夢繞衡岳湘舟蓬。

少年離鄉互不識，

親舊凋零室已空。

不坐飛機坐聖堂，

生死親友情相通。

民八十三年（一九九四）四月廿九日

雜感四

五月熱蒸人，
冷機聊取涼。
閉門靜無事，
桌傍堆藥囊。
年老手足遲，
氣喘心茫茫。
掃盡舊日跡，

心繫基督傍。
曾想浮揚子，
福音播瀟湘。
竹窗日已斜，
鬢髮白雪霜。

民八十三年（一九九四）五月十六日

雜感五

初來天母無高樓，
庭園相接犬相吠。
朝露未零觀日出，
夜對新月點星隊。
年壯雄心薄青雲，
遍傳福音台島內。
而今城房蔽天日，

水泥磚石日夜對。
夜半汽車仍塞路，
錢氣色慾滿城穢。
百髮飄飄萬事空，
殘筆慢寫天父愛。

民八十三年（一九九四）五月廿五日

端午節

驕陽滿室室更空，
巷靜無車榕樹陰。
家家出城逛山水，
泊羅先賢何人尋。
遙念瀟湘水默默，
龍舟不競怨氣沈。
唯有洞庭不平心，

狂風巨浪氣森森。㈠

民八十三年（一九九四）六月十三日

註：

㈠ 大陸中共侵害人權，壓迫自由

雜感六

沒人來訪書滿桌，
靜室揮毫寫哲理。
早將名位同家拋，
追隨基督心如水。
乾坤雖大胸襟寬，
天使上下同飛馳。
走遍人間無腳印，

摟著聖經睡忘晷。

民八十三年（一九九四）年八月中旬

雜感七

心喜門靜絕閒事，
獨坐聖堂對基督。
教有大典國大選，
隔牆不見杆旗纛。
兩月颱風三次掃，
掃盡人間英雄慾。
讀書南窗陽光靜，

獨向天父心意足。

民八十三年（一九九四）九月八日

雜感八

晚歲喜靜居，
掃盡人世跡。
城樓四面圍，
鎮鎖牧廬室。
翹首望天父，
神魂飛天域。
獨坐讀福音，

有基督相識。

民八十三年（一九九四）九月四日

芎林聖衣苦修會

蒼柏聳立樹隱牆，
圍抱清風山門淨。
鐘聲響動繞遠樹，
牆擋俗塵飄經韻。
十畝方園天國雲，
襟懷空暢心如鏡。
忘卻言語忘年月，

已結天主永生命。

民八十三年（一九九四）十月廿五日

雜感九

鳥語蟲聲久不聞，
人聲車響亦寂靜。
鬧市一房別天地，
人居塵世接神境。
紅袍金冠風樹葉，
名片頭銜煙雲影。
祭壇耶穌兩千載，

長門油燈光永永。
暝眼可見天使隊，
前聖先親神來幸。
牆壁門窗已無跡，
天光無際千萬傾。

民八十三年（一九九四）十一月十三日

圓月

街房連蔽天，
星星不入夢。
今晚牆角月，
圓明如玉洞。
洞中接天門，
慈愛火光送。
人世夜林路，

風雨樹葉弄。
狼嘷驚人心，
雜木亂石眾。
聖母慈光照，
步穩腳不痛。

民八十三年（一九九四）十一月十八日

病中

病發氣喘噓，
臥床莫坐起。
欲唸忘經詠，
尋主遠迤迤。
頓覺孤伶伶，
雲層深壘壘。
忙抱十字架，

聖像久久視。
我問主何在？
主答常佑庇。
夜來風動帘，
燈光溫喜喜。

民八十三年（一九九四）十一月底

雜感

昔人遯林泉，
臥地觀自然。
我今居鬧市，
心幽似青淵。
蘭花送香氣，
綠竹滿窗椽。
氣喘難行動，

寫書神伸惓。
慢步入聖堂，
靜坐耶穌前。
車鳴前後路，
燈照一心弦。
宇宙非吾家，
心在天一邊。

民八十四年（一九九五）正月三日

生日

慶生不慶生，
親朋來相聚。
一年一次見，
乘機數舊雨。
一杯滿祝福，
舉手求天父。
寒風滿街衢，

白髮雙手撫。

民八十四年（一九九五）正月一日

農曆新正

水仙照孤燈，
蟹菊對寒窗。
賀年聲已寂，
鄉思滿胸腔。
竹葉雨滴滴，
雁影渡湘江。
獨坐對基督，

天父福家邦。

民八十四年(一九九五)正月卅一日農曆新年

平日

一盞燈照滿屋書，
日夕用筆六十年。
上看千載古人事，
遠聽萬里天邊言。
笑人自誇號超人，
不信造主自稱仙。
傲視人間自作主，

一死驚見天主面。
老翁自幼孝天父，
六十年來獻祭虔。
世事何曾率心緒，
步步踏地眼望天。

民八十四年（一九九五）三月卅日

夜晚

房近聖堂一牆隔，
心望祭壇長明燈。
燈照聖櫃藏基督，
萬籟俱寂一良朋。
六十年來獨臥床，
人事忘卻心清澄。
手持念珠懷聖母，

慈雲撫我睡與增。

民八十四（一九九五）三月卅一日

白髮

不見星月已多年，
習坐書桌伴青燈。
閒看窗沿花葉綠，
時進聖堂精神升。
三頓家餐三覺睡，
閉門不問人愛憎。
祇教弟子思哲理，
逢人還勸把態勝。

八十四歲度人生，
榮華權位雲氣蒸。
一襲青衫掛十字，
清晨步上祭壇磴。
白髮蒼顏吾老矣，
手捧聖經窗欄凭。
一角雲天雨淅淅，
身後永生心情凝。

民八十四年（一九九五）四月七日

路樹

一路綠葉雨中深，
迎風起舞慶新生。
無情最是路中車，
隊隊鐵箱互爭轟。
行人緊隨腳步行，
不敢望天心怦怦。
何不樹下暫停腳，

枝葉滴雨心意輕。
憐我種根街衢邊，
日夕煙霧不見鶯。
人車帶雨晚來急，
我笑人面鐵鏗鏗。

民八十四（一九九五）四月廿日

楓葉

嫩葉忽滿禿樹枝，
楓紅交映四月花。
復活節期喜樹活，
老身也覺體力加。

民八十四（一九九五）四月十六日

房前廊種一盆小楓，嫩葉紅似聖誕紅，落葉卻不紅，去年被風吹壞，不發葉，樹枯禿，乃移放房後廊。今年四月間忽發紅嫩葉，疊疊可愛。

櫻花

鄰牆禿禿一櫻樹，
三日不見紅滿枝。
五日風雨花狼籍，
週後卻已綠葉時。
春風未了夏天到，
老來看遍人間戲。

民八十四年（一九九五）五月一日

不見永生途

滯留此地三十年，
清晨敲鐘祭天父。
汽車隆隆人自忙，
枉傳福音滿街衢。
霧籠城樓煙鎖樹，
不見十字永生途。
人人徒恨黑髮白，

空留青冢雨水濺。

民八十四年（一九九五）六月二日端午節

豪雨

風急天晦雨滂沱，
街衢滾滾一遍黃。
車慢仍翻白高浪，
拉衣擎傘步步蹌。
滿屋桌椅水浸腳，
冰箱空空寢無床。
小兒捧水互相戲，

大人望天視太陽。

八十四年（一九九五）六月十二日

書櫃

四週壁櫃滿書籍，
古今中外人一家。
老夫隨意開書櫃，
莫怪心情有偏斜。
停筆暝想心飛天，
忘卻人世情無邪。
陽光滿桌竹滿窗，

翻開聖經夾落花。

民八十四年（一九九五）六月廿日

嘆惜

曾長十校董事會，
點頭交談校園歡。
那堪而今聞國中，
招警保障畢業安。

民八十四年（一九九五）六月廿三日

餘生

一住台北三十年，
築墓輔仁大學園。
極目煙雲山點點，
海水淼淼連中原。
綠竹清風牽舊夢，
風飄心神上天垣。
人世無緣回家門，

天堂團聚家親眷。

民八十四年（一九九五）六月廿六日

夢

昨晚一夢忽還鄉，
青綠稻田連水堰。
雞鳴犬吠遠來客，
兒童出門不識面。
鐘聲驚醒夢難續，
洗面整衣入聖殿。
衣櫃常保一舊袍，

七十年來憶母線。

聖殿鐘聲

少年鐘聲飄村田，
白鷺沙鷗齊起飛。
一日三報晨午暮，
暮鐘催人牽牛歸。
壯年聞鐘羅瑪城，
白鴿群繞聖殿嬉。
鐘聲登床伴入夢，

夢魂常入祭壇幃。
而今白雲繞煙城，
汽車機車卡車圍。
了無鐘聲無鳥聲，
少年狂歌衝心扉。

八十四年（一九九五）七月廿二日

雜感

八五老人不事事，
長對祭壇靜靜坐。
侍兒端飯呼不應，
寧謐陽光天人和。

八十四年（一九九五）八月五日

父親節

鬧市燈光已黃昏，
白髮殘鬚一老身。
圍桌團坐少男女，
高歌老人慶父親。
早誓貞操終不娶，
天父愛中人倫申。
回首童年多少樂意事，

安得片片孝心，
使天下父親樂天倫。

八十四年（一九九五）八月八日

雜感

少年出紅塵，
半生住永城。(一)
台北後半生，
牧廬(二)白雲盈。
晚年事不閑，
多伴聖詠聲。
心天長一色，

新月白露清。

民八十四年（一九九五）八月卅日

註：

㈠ 永城為羅瑪城

㈡ 牧廬為台北住所

雜感

弟子來相問，
閉門深孤寂。
一周無客來，
門外雨空滴。
我坐對祭壇，
雲海四無壁。
天光千丈瀉，

忘卻人世曆。

民八十四（一九九五）九月二日

花市

看似南山遍山花，
蘭菊桃李畔芙蓉。
平排相擠看顧客，
待價相沽笑意濃。
安得搬花種南山，
靜對朝霞晚伴松。
洗盡俗塵金錢嗅，

清香秀色遠人蹤。

民八十四年（一九九五）九月二日

週年

當年雄心擴天國，
單身隻箱到台南。
台北一番三十年，
塵暗主教紫衣襤。
教未傳，
髮先白，
情何堪。

誰料今生夢衡陽，
身老台北滿腹慙。

到台南任主教日三十四週年
民八四年（一九九五）九月八日

無題

一冊聖經
一串念珠，
獨住鬧市一小廬，
生怕來人找陋寓。
一座祭壇，
一張書桌，
天上人間一甲子，

無怨無愁充先覺。

民八十四年（一九九五）九月十三日

雜感

松棡叢蔭一銅像，
孤單冷靜誰相問。
昔聳大門人群敬，
俯聽青年笑聲韻。
綠葉陽光殘照裡，
車奔人走流年運。
秋草黃花滿校園，

處處高樓誰主郡？

八十四年（一九九五）十月十六日